勘誤表

	書名：《返生：跨界與反芻的進行式》	
原出處	原文	更正
P13,第 3 行	亦可延伸到「閩南語」歌、原住民音樂……等與臺灣母語相關的討論上	亦可延伸到「臺語」歌、原住民音樂……等與臺灣母語相關的討論上
P28,第 3 行	我在想大家會用「閩南語」談戀愛嗎	我在想大家會用「臺語」談戀愛嗎
P47,第 3 行	早期的新「閩南語」歌也面臨到一模一樣的問題	早期的新「臺語」歌也面臨到一模一樣的問題
P48,第 7 行	少女卡拉樂團和聲編寫及「閩南語」歌曲創作	少女卡拉樂團和聲編寫及「臺語」歌曲創作
P55,第 5 行	後來有機會去參加「閩南語」演講	後來有機會去參加「臺語」演講
P55,第 11 行	有一些字是「閩南語」跟客語裡面都沒有的	有一些字是「臺語」跟客語裡面都沒有的
P55,第 16 行	剛剛丹霓說的「閩南語」跟客語的問題	剛剛丹霓說的「臺語」跟客語的問題
P60,第 14 行	在「閩南語」歌曲剛開始發展時	在「臺語」歌曲剛開始發展時
P60,第 16 行	「閩南語」歌創作人也不認同	「臺語」歌創作人也不認同
P108,第 20 行	當三個主角很自然以「客語」、「閩南語」、國語	當三個主角很自然以「客」、「臺」、國語
P148,第 21 行	那時學校禁的是「閩南語」，因為中午會播「黃俊雄布袋戲」。我那時候還想，禁的是「閩南語」，跟客語沒什麼關係。	那時學校禁的是「臺語」，因為中午會播「黃俊雄布袋戲」。我那時候還想，禁的是「臺語」，跟客語沒什麼關係。

跨界與反芻的進行式

fanˋ sang′

回應當代社會挑戰的客家身影

奧地利詩人 Peter Altenberg 有句名言：「如果我不在家，就是在咖啡館；如果我不是在咖啡館，就是在往咖啡館的路上。」話中所指的是座落於維也納的 Café Central（中央咖啡館），許多名人都曾是此處的座上賓或常客，如仍在畫家夢壯志未酬階段的希特勒、心理學家佛洛伊德、列夫·托洛茨基等，文人雅士雲集不同的思想，透過於咖啡廳的互動及交談中，互相成為成長的養分，最終形成文化並產生正向循環。臺灣日治時期的波麗路西餐廳與 1960 年代的明星咖啡館也都是文化人士聚集之處。

哈林文藝復興（Harlem Renaissance）是發生於 1920 年代美國哈林區的一場文化運動，它打破了當時的種族隔離與奴隸

楊長鎮

苗栗縣獅潭鄉客家人，推動族群主流化，支持各族群文化的傳承與發展，參與還我母語運動及原住民運動，創立臺灣圖博之友會，為西藏人權發聲。出版著作有《認識臺灣眷村：1949－2006》、《從反抗到重建：國族重構下的台灣族群運動》等。

`

制度，延伸為黑人人權運動，背後以非裔美國人的族群自覺為基礎，藝術家、思想家、學術研究者在此形成非裔美國人的菁英社群，許多屬於現代、知識階層的文化也於此誕生。

2001 年 6 月，客家委員會成立。猶記當年成立客家電視時，有人說客家領域無相關專才，可是我們並沒因此打退堂鼓，我們不斷推動「客家文藝復興」，辦理相關藝文活動，周而復始、經年累月地累積出一定的成績，成立電視及廣播頻道，提供發表與表演的平臺，過程中也培養了不少關心客家文化事務的人才。

如今客家委員會發展到了一個階段，我不斷思忖，如何將不同領域的工作者匯集在一起？能否提供客家人一個文化、藝術、學術、思想交流的場所，藉以共同成長及創作？ 交談本身帶有個人思維，不僅是表達想法，也能引領我們找出思考的方向。

此外，客家人正在面對語言流逝的問題。語言是溝通工具也是一套程式，它影響著我們思考的方式、價值觀、觀看世界與彼此思想的角度。只有在語言上不斷地鍛鍊、錘鍊，才能提升語言的廣度及深度，作為客家人，談論客家文藝復興時，是否更應使用客語。

有本書叫《一本食譜救語言》（*Kuharske bukve*），一位來自斯洛維尼亞的神父對語言復興有強烈的使命感，做了許多相關的工作卻鮮為人知，後來因為他將德國的食譜翻譯成斯洛維尼亞語，被教會的廚師們拿來使用，眾人才因此意識到母語能用以表達所有的想法。客語也一樣，我們使用語言在互動時創造可能性，也藉此得到更大的彈性、自由與空間。

這就是我們策劃推動「參詳・當代客家文藝沙龍」計畫的初衷。希望能創造機會，在臺灣一個小小的角落，有一群關心客家文化的人聚在一塊，不停地商量、討論，提出意見，也尋求共識，漸漸形成一個客家文藝復興的社群，進而藉由大家的力量將客家擴大，讓我們對自身文化有新的視野及想像。

最後，感謝封德屏社長及文訊雜誌社團隊的努力，讓這個計畫得以順利推動，感謝鍾永豐先生擔任總策展人，為「參詳・當代客家文藝沙龍」設計了10個不同的主題，組成了210位學者、專家、職人的強大隊伍，在音樂、戲劇、歷史、影劇、文學、美學、飲食、語言、客庄創生等面向，相互交流，一同完成整整一年共42場沙龍、6場走讀。整理成30幾萬文字、500餘張圖片的豐碩成果。希望正如這3本書的書名——《參詳》、《返生》、《湊陣》，看到30年來客家族群回應當代臺灣社會的奮鬥身影，同時也做好了準備，迎向未來的各種挑戰。

客家委員會主任委員　楊長鎮

開啟當代觀點，進行深刻思辯

鍾永豐

「參詳‧當代客家文藝沙龍」總策展人。出生於美濃菸草家族的詩人、詞人、音樂專輯製作人及文化行政工作者，現任國立臺北藝術大學主任秘書。90年代參與美濃反水庫運動，並與音樂人林生祥合作，以農民、工人、婦女及環境為題創作音樂。曾任高雄縣水利局長、嘉義縣文化局長、臺北市客委會主委及文化局長等公職。曾獲金曲獎最佳製作人、作詞人等獎。

客家委員會（以下簡稱客委會）的成立與運作，緊密聯繫於1988年底的還我母語運動。還我母語運動訴求政府解除廣電法對地方語言的排斥，賦予客語平等地位，使其能進入民主時代的公共傳播與語文教育。其時，臺灣正要迎入全球化時代，客家的文化棲地面臨更嚴峻的流失危機。首先是國內菸酒及農產品市場的逐步開放，衝擊種植菸草與葡萄等經濟作物的客家鄉鎮，快速瓦解農業家族社會。接著全島路網、有線電視、連鎖商業與網際網路的普及，嚴重侵蝕客語的日常功能。有識之士正要挽回客家在現代化過程中的壓抑與失落，更全面的後現代性挑戰紛至沓來。

2001年客委會成立後仍得按部就班地立法建制，使客家工作獲得更完整的法規支撐、更穩固的預算支持與更周延的行政協助。於是我們有了講客語的電視臺與電

臺，公共運具上的客語播放讓國人至少熟悉四縣腔，學生可以更有系統地修習客語、研究客家，社團組織者與文藝創作者得以更有計畫地推動從傳統祭儀、文化保存、社造、文創，乃至當代藝術的各類客家工作；這是20年來客委會與客家各界的重大成就。

若抬高眼界，我們將發現客家人對生存危機的回應，或對於自身價值的審視，常常處於當代社會的前線。以農耕為基底的客家文化面對快速開放多元的當代社會，艱辛難免，但在重視知識、教養與開創性的傳統中，培育出的客家工作者不會只是被動地自我調適，他們提出的問題意識與方法論，往往具有超越性。且不論近、現代革命風潮中的客家身影，1980年代以來，客家人廣泛參與了臺灣的政治、社會與文化運動，餘波漫溢，漸而影響了他們在流行音樂、藝術、戲劇、建築、歷史與人文研究、語言研究與教育等方面的實踐趨向。「參詳·當代客家文藝沙龍」之策劃，即試圖比肩客家文化的前線工作者，邀請他們回顧歷程、分析視野，分享心得。

我們沒有採取專題演講或主題研討的方式。同是客家運動參與者的主委楊長鎮不減浪漫，鼓勵我們創造隨興的氛圍，盡可能擺脫觀眾人數與宣傳效應的負擔。每一場安排，他說，都應該像是老友多年後的重聚歡敘。我因而憶起少年時期在祠堂見識的「參詳」場面：地方長老或各房代表圍坐供桌，在輕鬆的氣氛中喝著茶，就地方或宗族事務，有禮有序地交換意見、尋求共識。如此「參詳」，我們希望能前瞻性地展現這30年來，客家藝文工作者與組織工作者，回應當代臺灣社會的實踐與思維，同時也藉此創造多方的連結。

以下謹就每一個論壇及其召集人的擇定，簡要說明。

一、〈音樂〉——葉雲平：以前我們談論客家流行音樂，常常著重於山歌傳統與客家

文學的繼承與再創作，或這些創作如何反映客家人的情感、記憶與生活經驗，較少從流行音樂產業與市場的角度觀看客家音樂；後者其實正是目前非常多年輕輩的客家音樂工作者努力嘗試的方向。按語種分類的文化部臺灣原創流行音樂大獎(前身為行政院新聞局的母語原創音樂大獎)是觀察客家流行音樂新秀與趨勢的重要窗口。多次參與金曲獎初、決審的樂評人葉雲平，不僅是客語類評審常客，更可貴的是，他長期追蹤歷屆得獎者的後續發展，對於客家流行音樂的類型發展與市場潛力，有近20年的觀察。

二、〈戲劇〉——鍾喬：早在1940年代，懷抱理想主義熱火的客籍青年參與了當時新興的戲劇運動。受80、90年代的工運風潮啟發，投入劇場工作的鍾喬，一方面爬梳白色恐怖檔案中的客籍文藝青年，呼應亞洲民眾劇場運動，同時關注臺北的實驗劇場運動。進入21世紀，劇場更是蓬勃，不管是劇場中的客籍工作者或是帶有客家意識的劇場創作，數量上均讓人難以忽視，客委會也投入了政策性資源，創製了幾齣精良的音樂舞臺劇。因而，通過鍾喬之召集劇場工作者與戲曲研究者，有助於回溯當代客家劇場的發展脈絡，並探討它的各種可能。

三、〈歷史〉——張維安：人類學家徐正光帶領中研院民族所及清大社人所期間，使不少年輕學者對客家研究產生興趣，張維安是最早、最優秀的一位。因有紮實的學術涵養，張老師理解客家論述中常見的中原正統論或客家中心主義，如何侷限了歷史研究的視野，同時難與其他觀點的族群研究，形成對話。張老師邀請的與談人包括了幾位非客籍但長期研究客家歷史的學者如李文良、林正慧，具有後殖民觀點的客籍學者羅烈師，以及對客家人的歷史貢獻高度肯定與期待的福佬客籍臺灣史學者戴寶村。他們梳理史料，追溯客家人在近代史中認同形成的動力來源，反省與其他族群的互動過程，我們得以坦誠檢視閩客與原客關係。

四、〈語言〉——洪馨蘭：語言傳承與教育是客家工作的重中之重，但也最容易在集體焦慮中不自覺地依賴制式的教育方法。沉浸式教學——打造全客家的語言環境，使身處其中的學子純粹以客語認識、思考、表達，真可成為終極方案嗎？實驗教育方興未艾，客家有借鏡之處嗎？人類學家洪馨蘭關注客語教育的各種現場，邀請在社區及學校等從事語言傳承工作的朋友，分享他們在受制於各種主流觀念與社會趨勢的客家聚落中，如何冷靜、務實地回到人本，與多元價值對話，琢磨出更有續航力的方法。

五、〈影劇〉——湯昇榮：沒有人比電視劇《茶金》的製作人湯昇榮更適宜召集相關專業者，幫助我們回顧客家影劇之路。這部講海陸腔客語的12集電視劇被譽為近年最成功的臺劇，不僅製作精良、考究細緻、演繹深刻，且其劇情及美術風格緊密呼應臺灣史。湯昇榮離開客家電視後投身製作公司，挑戰各種類型片，成績亮麗，然後更有準備地回來製作客家影劇。他深知光是客家不足以造就客家。對待客家，必須動用更嚴謹的專業標準；觀看客家，必須站在臺灣史甚至世界史的高度。

六、〈美學〉——張典婉：張典婉是客家美學的首席報導者。張典婉的美學目光源於簡約的客家生活風格，其如何在適應、回應當代的過程中，展現自身。張典婉為客家女性在各種美學場域的內斂身手打燈，讓她們的風采吹進當代生活。她推動客家後生寫作，讓文學為客家遊子鋪陳回鄉的路。而她所策劃的建築專業者論述，不僅從客家聚落、宗族、生產生活與地理風水的角度，更談當代建築師，如何從中提煉具有客家意義的倫理與美學。

七、〈飲食〉——古碧玲：由客家女性創立的「上下游News&Market」專注於農業、食物、環境等公共議題，是臺灣最具公信力的媒體之一。由自稱是半個客家人的古

碧玲所主編的《上下游副刊》聚集了以食物、植物及環境為寫作題材的各路好手，更是臺灣重要的作家孵化器。只要上網瀏覽「上下游」那些充滿現場感與時代感的豐富內容，令人對古碧玲召集的客家食物論壇充滿期待：客家飲食在臺灣當代飲食文化中可以有什麼樣的位置？客家料理如何能自信地代表臺菜？我們又該如何出發？

八、〈文學〉──朱宥勳：2000年政黨輪替，在政策支持下，臺灣的國立大學系統普遍成立臺灣文學系或研究所，試圖從臺灣島上各族群的歷史經驗與平等多元的價值觀出發，重新認識、論述臺灣的文學。多達15個大學成立的臺文系所質量兼具地改變了臺灣的文學創作與研究；畢業於國立清大臺文所的朱宥勳是其中的代表性新秀。以他的非客家出身，召集各種文學工作者，來談論重要客籍作家及作品，後生我等或可從更廣的臺灣近、現代文學的評論角度，另眼看待前輩的文學貢獻。

九、十、〈客庄創生〉──邱靜慧・邱星崴：地方創生是社區營造的延伸，但在客家地區，不管是在高雄縣市合併後的六堆，或是在科學園區不斷擴張加上桃園升格的桃竹苗，都面臨前所未有的危機與可能。靜慧及星崴均為優秀的青壯輩地方工作者，經驗豐富，善於情勢分析與組織串聯。由他們來召集南北論壇，我們更能理解新的危機如何衝擊客家地區？若我們拒絕焦愁纏身，又需要什麼樣的轉念？

通過十位召集人、42場論壇、33位第一線工作者長達十個多月，前所未有的廣泛「參詳」，我們不僅努力呈現客家工作的重要面向，更重要的是開展當代觀點，進而深刻思辯。經過謄稿、精鍊與加注，現在這些論壇集結為三大冊。能為有志於客家的組織者、創作者、研究者與行政工作者提供多方的參考與指南，正是客委會與我們的希冀。

──策展人　

返生：跨界與反芻的進行式

2　〈序文〉回應當代社會挑戰的客家身影／楊長鎮
5　〈導言〉開啟當代觀點，進行深刻思辯／鍾永豐

〔沙龍場〕

12　**當客家成為流行樂：When "Hakka" Goes Pop** ◆葉雲平
14　客家唱作中的現代自我對話／王喬尹・米莎・柔米・葉穎
31　創作「語言」中的類型流轉／Yappy・王鍾惟・陳瑋儒・黃子軒・彭柏邑
48　傳統之外的客家音樂製造／邱丹霓・黃稚嘉・賴予喬・戴陽・蘇通達

66　**當代客家戲劇** ◆鍾喬
68　客家劇場的傳統與現代接軌／吳榮順・李榮豐・林曉英・徐亞湘・符宏征
85　客家跨領域藝術計畫
　　──地景文化與環境劇場的跨界／吳文翠・林舜龍・彭雅玲・劉逸姿・羅元鴻
102　劇場中的歷史記憶
　　──以白色恐怖為例／李哲宇・汪俊彥・林乃文・徐亞湘・許仁豪

116　**客家深度影劇** ◆湯昇榮
118　小眾的想像，大眾的視野
　　──客家影劇下一步計畫／王傳宗・李鼎・吳宗叡・黃桂慧
136　茶金
　　──一個客家文化的新突破／李杏・許安植・溫昇豪・童毅軍・溫吉興
153　影劇如何建構族群的主體觀點／林宏杰・徐彥萍・張晉榮・鄒隆娜

〔**思辯場**〕

168　茶裡的客家性與它的未來想像◆吳德亮

　　　古亦平・吳孟純・翁國珍・黃正敏・彭信鈞

182　在某些可能裡成為我們◆張芳慈

　　　陳玠安・梁秀眉・廖偉棠・鄭硯允・蔡宏賢

194　我們出發，我們抵達

　　　——當代藝術媒介與客家相遇◆羅思容

　　　邱豐榮・徐堰鈴・郭玫芬・劉慧真・鴻鴻

206　家與歸屬

　　　——走出與回返◆鍾秀梅

　　　米莎・張卉君・張郅忻・劉崇鳳・鍾舜文

〔**文學走讀**〕

218　苦楝花開的時節

　　　——新竹・苗栗吳濁流文學走讀

237　藥學詩人與水果之鄉

　　　——苗栗卓蘭詹冰文學走讀

253　歸鄉，回家的路

　　　——高雄美濃・屏東大路關鍾理和與鍾鐵民文學走讀

270　參與人員名錄

當客家成為
流行樂

「為什麼對客語歌沒興趣呢？」
「因為不是客家人、聽不懂客家話……」

看似理所當然的緣由，亦可延伸到閩南語歌、原住民音樂……等與臺灣母語相關的討論上；不過，若從另方面想，當紅日韓劇的主題曲或排行榜上的美歐、世界作品，又有幾人能直接「聽懂」在唱些什麼？卻絲毫不減其受歡迎程度？如此的緣由及疑問，便是構成三場沙龍主題背後的起心動念。

我們分別自「創作語言」、「風格類型」、「產業製作」三種角度切入，集結當代及新生代客籍為主之男女創作歌手、樂團、編曲人、製作人……等，共同與談「客語音樂」、「客家音樂」，以及「流行音樂」，彼此間是否有所差異或不同？「客家文化」與其關連性之深淺？甚至不同語言的變換，是否連帶影響音樂曲式？而在臺灣流行音樂的「產業」環境中，傳統或新一代客家音樂工作者，所參與或扮演的角色為何？面對傳統原鄉與現代城市間、血脈中客家元素的挪移運用，又有怎樣的多元應對及自由思考，可望是未來樂迷更能以平常平等心聆賞（客家）流行音樂的關鍵。

召集人 葉雲平

When "Hakka"
Goes Pop

客家唱作中的現代自我對話

時　　間：2021 年 9 月 25 日（六）14:00 至 16:00
地　　點：左轉有書（臺北市中正區鎮江街 3-1 號）
召 集 人：

　　　　葉 雲 平／洪範書店主編、臺灣音樂環境推動者聯盟理事長

與 談 人：

　　　　王 喬 尹／創作歌手、客家流行音樂大賽貳獎
　　　　米　　莎／創作歌手、金曲獎最佳客語歌手
　　　　柔　　米／創作歌手、臺灣原創流行音樂大獎客語組首獎
　　　　葉　　穎／創作歌手、客家流行音樂大賽參獎

記錄整理：江 怡 瑄
攝　　影：汪 正 翔

鍾永豐：「參詳・當代客家文藝沙龍」的第一場請到葉雲平來談音樂，為什麼是他？這要從頭說起。當時還有母語創作比賽，當時注意到這些客家女孩發聲的方式跟一般人不太一樣。後來查資料才發現，他們的成長過程中都有兩種母語，所以我想他們的爸爸媽媽有一定的文化意識，家裡才有這樣的母語語言教育。但像我們這一輩，從小在客家庄長大，我們參加不少社會運動，諸如還我母語等。現在我們的肩膀上就有許多壓力，像是山歌、文化傳統、社會正義等等。有時候我覺得我們在做的東西太沉重、太生硬了，我就在想，那麼這些不在客家社群中長大的孩子，他們沒有這麼大的社會意識、社會責任，為什麼會選擇這樣做、這樣唱？這個題目想了很久，但是因為我和他們不熟悉，也不知道用什麼方式來跟他們談。

後來我就想到葉雲平，回到我們得到金曲獎客語最佳樂團獎的那年，後來我還得過最佳作曲獎，這個獎項不是分類在客語組裡面，是一般獎項，我覺得很意外，怎麼有人會幫母語歌曲爭取獎項？後來才知道，為我們辯護的就是葉雲平，我問他為什麼你覺得這個東西能得獎呢？我才知道，葉雲平除了關心客家音樂，也很關心後輩，常被文化部邀請去音樂創作的評審。同時我也必須說，我們兩個對流行音樂的共識是不太一樣的，他比我更熟悉年輕一輩，所以我請他來邀請年輕創作歌手們，談談他們是如何觀看客家流行音樂的。

鍾永豐
「參詳・當代客家文藝沙龍」總策展人。

葉雲平：今天很榮幸永豐邀請我
當音樂沙龍的召集人，永豐沒有
說要朝著什麼樣的方向，我想我
們這一代對客家流行音樂的想法
和包袱都有點沉重。所以我找了
新一代的年輕的創作人，他們在
音樂中使用客語來創作，用一種
新的觀點來看事情。音樂沙龍有
三場，主題是「當客家成為流行
樂」，這個名字是我從一部紀錄片
叫做《This is pop》上面借來的。
其中有一集「When country goes to
pop」，在講美國鄉村樂的創新跟
發展過程。劇情提到，2019年鄉
村音樂排行榜的第一名是一位黑
人同志的Hip Hop歌曲，這三個
元素在以往的美國鄉村音樂上是
不可能出現，甚至是對立的。但
這首歌大紅，在一週後就從鄉村
音樂排行榜被移到「pop」這個類
別。它想傳達的是：有新一代的
人在對美國鄉村音樂做出新的想
法。我當時在看紀錄片時，我在
想我們對於客家音樂也有一些傳

葉雲平

資深樂評人，現為洪範書店主編、臺灣音
樂環境推動者聯盟理事長。曾任音樂雜誌
《Pass》總編輯、《臺灣流行音樂200最佳
專輯》編輯統籌，以及金曲獎、金音創作
獎、華語音樂傳媒大獎等評審。

統的標籤，後來永豐來找我，就想到這個主題。

所謂的客家流行音樂，從1980年代，甚至到2000年後，我們反覆地談客家音樂，我認為在時代的演進上，「客家」跟「流行」這兩組詞在時代意義上也會有所不同。最近五年來，有更多新生代創作歌手使用客語，不一定是音樂風格的創新，但這些方式上都讓我感受到沒有過去的包袱或刻板印象，等下請與談人一起來聊聊這個題目。今天請到四位新生代創作歌手：米莎、柔米、葉穎、王喬尹，想請她們來聊聊，自己走上客語流行音樂這條路的原因？大概從何時？對自己的創作有什麼影響或啟發？

唱出自己的歌，在旋律中找到歸屬

米莎：今天很驚喜自己能被放在新生代，謝謝葉雲平先生。我開始從事客家創作是從吉他社的朋友開始，那時在想要唱什麼歌曲，一開始唱校園民歌、西洋歌曲、反戰歌曲等等。後來邊唱就覺得，都在唱別人的歌，所以後來開始唱自己寫的歌。寫的第一首是華語歌，第二首才是客語歌。一開始因為同儕之間生活經歷相仿，看到的、想到的其實也差不多，所以我寫了一首面目模糊的歌：藍色月臺。做完之後，覺得別人也都能夠寫、唱得出來，並不是很滿意，甚至覺得非常沮喪。當時成大每

米莎

創作歌手。曾獲臺灣原創流行音樂大獎客語組首獎、金音創作獎、金曲獎最佳客語歌手、最佳客語專輯獎等。作品有《河壩》、《在路項》、《百夜生》、《戇仔船》等。（照片提供／米莎）

年有民歌創作比賽，聽到臺文系的一個學長唱自己寫的閩南語歌曲，寫自己家人親戚的故事，我很驚訝，覺得和所有的華語歌曲都不同！我就開始寫中港溪、我阿婆的故事，跟著吉他社的朋友彈吉他，邊彈邊覺得，這個旋律有「河壩」的感覺，腦袋裡就有好多超現實的畫面，當時我的阿婆已經過世了，我就寫了一首有點迷幻、阿婆變成漂亮的美女在河邊的故事。我第一次感受到，因為這個語言，讓我覺得自己跟別人不一樣。

葉雲平：謝謝米莎，再來談談柔米。她的第一張專輯是全華語創作的，我先是很喜歡她以「柔米」之名發行的華語專輯，才發現柔米就是客語歌曲得到創作大獎的陳彥竹。接下來請柔米聊一下入行的過程。

拾回過往，與客家之間的千絲萬縷

柔米：我是臺北出生的小孩，18歲才知道自己本來的名字叫柔米，是我外公取的名字，是閩南語「溫柔美麗」的意思。後來得知自己是被改名「陳彥竹」，曾經有「柔米」這個名字，於是我最初開始要演出的時候，就拿來用。我第一次參加比賽的那年，與風和日麗唱片行合作，發行我的第一張個人創作專輯。這場討論一邊幫我爬梳創作過程，我一直認為，目前為止自己的客語創作，都在找我和客家之間的關係和意義。像是第一首〈屋〉，寫的是

柔米
創作歌手。曾獲臺灣原創流行音樂大獎客語組首獎。作品有《新的。人。事物》、《臺北錄音 TAI-PEI RECORDING》等。（照片提供／Dear Musik 親愛的音樂）

當時剛有投票權的我對社會的想法；第二首〈娘花白白〉，是寫我跟「家」的連結，也是和客家最直接相關的淵源。「參詳」這一系列的活動讓我很開心，終於有機會讓我探究自己母語創作的脈絡。

乘載回憶與感情的風箏，循著線找到自我

葉穎：我入行的經歷是大學參加的比賽，唱別人的歌，誤打誤撞出唱片。經歷很多尋找自我的過程，發現自己很喜歡創作，2019 年出了第一張華語作品。後來在社群網站放了跟表哥的有趣對話，朋友才知道我是客家人，所以引薦我去配唱客語歌。

之後連續做了三年，過程中也會問爸爸客語唸法，在問爸爸阿婆的過程中慢慢找到對客語的感覺，就想說來寫一首自己的客語歌。第一首歌講的是疫情，在混亂的時代如何在烏雲背後看見光；第二首〈風箏遠行〉是送給阿婆的，親人佔據我童年所有回憶，我在做客語歌會不自覺想到跟家人之間的感情。

葉穎
創作歌手、音樂製作人、配樂編曲家，國立臺灣師範大學音樂系流行音樂產學應用碩士。曾獲金音創作獎、客家流行音樂大賽參獎等。作品有《出發》、《光合》、《生滅》、《光之子》等。（照片提供／葉穎）

葉雲平：葉穎一路走來變化非常大，第一張專輯走偶像路線，歌也不是自己寫的，包裝得很夢幻。後來就開始參加樂團，到現在變成一個很好的創作歌手。最後請喬尹聊聊入行這件事。

我還是我，外界的肯定和堅持的信念

王喬尹：我是苗栗頭份客家人，我講四縣，媽媽講海陸，一開始做華語創作，後來參與音樂繪本創作，慢慢開始唱客語歌。我第一次拿到歌詞的時候回去和家人討論、校正，當華語歌手的時候從來沒得過名，對創作沒有太多想法。2019年遇到第一張專輯的製作人，他說現在是客語正蓬勃的時候，要我試著做客語創作歌曲。我小時候很愛聽英文歌，我就是永豐老師說的，那種沒有在接觸客家傳統歌曲的小孩。當時製作人要我把華語歌改成客語，我才開始做這件事。當我真

王喬尹

創作歌手、巴哈姆特電玩瘋主持人，國立臺灣藝術大學戲劇系畢業。曾獲客家流行音樂大賽貳獎、最佳演唱獎。作品有《為什麼長得好看還會失戀》、《Fairy Tale》、《就係王喬尹》等。（照片提供／王喬尹）

正要當創作歌手時，也沒有真的大紅，後來在客語組得了獎的時候，當下大哭出來，心想原來得獎就是這種感覺。但我還是我，沒有被外在榮耀包圍的時候，仍然要做自己，維持自己的信念。

葉雲平：喬尹除了是創作歌手，也是主持人和演員，她的插畫也很厲害，自己畫專輯封面。你的第一首客語歌好像是華語，就是〈小星星〉那首歌，是在什麼狀況下把它改成客語的？

2020年，客家流行音樂大賽。葉穎以〈風箏遠行〉獲最佳作詞獎。（照片提供／葉穎）

葉穎數位專輯《入境之前》。

王喬尹專輯《就係王喬尹》。（照片提供／王喬尹）

王喬尹單曲〈在我喜歡自己的時候〉。

米莎專輯《戆仔船》。（照片提供／米莎）

米莎專輯《河壩》。

王喬尹：有一陣子我回苗栗，邊打麻將，當時我寫了〈小星星〉這首歌，朋友們當場幫助我把這首歌翻成客語，這首歌突然呈現了一種新的感受和生命力。我後來唱給講海陸腔的奶奶聽，因為我講的是四縣腔，當時奶奶都聽不懂。完成整張專輯後，奶奶說他聽懂很多了，我就開始有一種把這件事做好的動力。

葉雲平：接下來再來聊另一件事：關於華語視野進入客語創作，金曲獎從 2003 年才開始有客語項目，2004 年開始有臺灣原創流行音樂大獎，也和客委會的成立有關係。從 2000 年之後，林生祥等，我們這輩的人出來，客語歌慢慢進入華語聽眾的視野。20 年來發掘出許多客語音樂的創作人，米莎剛剛提到，許多客語歌曲都有阿公阿婆等原鄉元素的出現。我們在評審的時候，常遇到 70% 的題材都在講阿公阿婆，沒有不好，但是我在參與評審的過程中，感受到是否因為比賽，創作人發現做這類題材容易得獎？我們期待的是全新的視野，但我們隱約感受到為了某種企圖去書寫阿公阿婆的題材，想問各位，比賽對於你們的創作有什麼樣的影響？

小眾中的小眾，突破語境限制

米莎：我參加比賽最大的幫助就是有獎金，獎金可以錄音、可以發行專輯。我很少聽現在的流行音樂，除非我覺得我需要養分，但我的養分比較不是從其他音樂來的，大部分還是從文學和劇場方面過來。客家是小眾，我覺得自己更是小眾，十幾年來，題材或形式方面我做了很多新的嘗試，還是有很多人在懷念我的第一首客語歌「介條河壩」。我想說的是，我覺得聽眾反應回來的，會不會其實才是大家想聽的？我沒有想過我一定要寫鄉土題材或阿公阿婆，語言是一種溝通用的工具，現在年輕人不用客語寫情歌，但因為我們不使用客語談戀愛，不使用就不會這麼做啊！

2020年10月18日，關西關係生活實驗室。《戆仔船》巡演關西場，米莎與東京中央線樂手。（照片提供／米莎）

那麼多人寫故鄉，就是因為此時此刻你就在那個語境裡，否則很難使用客語去做其他題材的發揮。

葉雲平：米莎有一首歌算是另類的客家情歌，內容是說愛一個人愛到想要把他吃掉。剛剛米莎提到客語語境的問題，客語本來就有使用語境上的限制，傳統原鄉與現代都市的對比下，使用客語的語境到底有沒有受到限制？我自己覺得米莎的專輯

不斷在做這種突破，那麼關於比賽的部分想請大家多聊聊。

柔米：第一首跟社會運動比較有關，寫第二首的時候，就是想寫一首我阿婆聽得懂的歌。我老家在嘉義中埔，導演問要不要回老家拍？在這個MV裡沒有放字幕，我在寫母語創作的時候很謹慎，我學月琴、臺羅拼音，目的是想更認識個語言。後來決定不放任何字幕，希望大家就是用聽的去感受音樂的本質和母語創作的魅力。

葉穎：〈風箏遠行〉跟鄉土情懷很有關係，當時也被前輩說我刻意去寫客家情懷，但我在創作的時候其實完全沒有考慮獎項，因為那就是我從小生長的狀態（油桐花、土地公廟），評審後來覺得看起來是一種符號，但乘載著一種深情。我覺得一直以來我的創作都是寫跟我自己相關的東西，剛剛說到的語境問題，我也問過這麼現代的詞要怎麼去表達過去的情感？它是一種創新還是語言的使用習慣？我覺得很有趣，我會不斷嘗試，跟用它來表達我真心想說的話。

王喬尹：我大部分寫的是情歌，公司企畫確實有說要加入客家文化的東西，所以寫了一堆客家元素的東西。《就係王喬尹》第五首歌後開始出現轉變，我的製作人跟我的意見出現了分歧。我一直在想，我心情不好都在聽什麼？我想到是貝多芬的《月光奏鳴曲》、沒有人聲，不會被打斷。我當時很不開心的時候覺得自己能跟這首歌有連結，我決定把它取樣到我的〈伸手就能摸到月光〉這首歌。交給製作人後，他決定收下這首歌。當時沒有想這麼多，不太因為比賽或其他去創作。後來受到很多前輩跟同輩的幫助，獲得助益跟學習，但也提醒自己要有主見。

葉雲平：剛剛都聊到使用客語創作，華語和河洛話通常先有曲再填詞。但是客語邊念，旋律就會慢慢出來，大家在創作的時候，詞曲連動、音樂風格，會交互影響嗎？

傳達到遠方，以自身思想為根基

米莎：我開始寫客語歌曲的時候，都會先寫歌詞再寫曲，曲幾乎是不用寫的，客語寫出來就會有旋律，這是很多方言的特性。但我很容易不滿足，我發現這樣會出現瓶頸，客語熟練的使用者很快發現我在唱什麼，壞處是我的旋律很容易被限制。我也開始先有旋律在寫詞，但後來發現我沒辦法完全不管客語本身的旋律性，我寫歌詞的時候，旋律多少要做調整。比如我有一首歌叫〈月光〉，我先做了曲，但要把詞放進去的時候，我必須要更動，但仍然能跟漂亮的旋律很接近。愛鄉愛土的東西太多了，我想寫的是哲學、心理學、潛意識等等，《戀仔船》這張專輯裡的曲風很多元，其實你聽什麼、平時注意什麼，你做的東西就會跟它們很像。寫任何語言相關的東西就是要傳達思想，前提是你必須先有思想。

柔米：回頭看看，我的歌好像都是交互或同時的。大部分從我吉他的旋律開始的，比如〈娘花白白〉，那時我正在嘗試用簡單的吉他和弦寫歌，並設計了一個伴奏旋律線，就好像是風吹過一排娘花的樣子。

葉雲平：和你在創作華語的時候，有什麼不同嗎？

柔米：我過往的歌，副歌很少不重複。羅思容老師第一次聽完我的演出後說我歌的就是自傳。

葉穎：我都先寫曲，腦中常常有各種旋律的靈感，我也覺得客語的音韻特別有旋律感，我會先把旋律放上去，然後先留著可以再斟酌的詞，請教我爸爸之後，再去修正。

王喬尹：關於音韻的問題，我不太會唱海陸腔，去年唱了〈大家來運動〉，後來配唱老師說這個完全不是講海陸的人聽得懂的。但是修改後我覺得不可愛，但我想也不用太堅持。後來發現我是錯的，因為拿去給奶奶聽，她幾乎都聽得懂，我才發現我要多多學習，才能有所選擇。專輯中前幾首是華語翻客語，到了第三、四首，想辦法先寫客語詞，不會的再查字典。慢慢寫之後，發現每

參詳會後合照，左起：葉穎、王喬尹、柔米、米莎。

一首歌有同質性，所以又找了朋友一起來激發靈感。華語的話通常是詞曲一起，最近習慣先清唱，又會寫出跟樂器不一樣的東西。

葉雲平：你有一首「想要殺掉你」的歌？

王喬尹：這首歌當時在投票階段，覺得不要收進來專輯，因為風格太不一樣。想講的是曾經有一個劈腿的男友，想要很生氣地唱一首歌（因為市面上沒有），當時用華語唱：「好幾次都想在腦海裡殺了你。」後來跟著老師一起翻譯成客語，所以這首歌是先有華語再翻成客語的。

葉雲平：客家族群是贊同這個語境的嗎？

王喬尹：我在各個場合用客語講這首歌的意境，好像都超出大家的認知。但我覺得這就是我的歌，縱使大家投以詫異的眼光，沒有什麼正向的稱讚，但我還是很想表達自己。

葉雲平：我覺得很有趣！最後要請永豐老師來說說關於創作這件事。

突破傳統框架，傾聽新一代的聲音

鍾永豐：對於詞曲的概念，我長生祥七歲，寫詞的時候會把腦子裡所有的旋律選三、四種給他參考。我可以把我的養分倒出來滋養他，他能夠有更多成長。但也會有瓶頸，這種生產方式會產生套套邏輯，我跟他說你把你的天馬行空倒出來，我來接你。

葉雲平：想請問其他老師對於客家語境這件事有沒有其他想聊的？

鍾喬：在劇場裡面，戲劇和客家的傳承、創新，有一定的關聯。就某部分來說，我覺得語境這種問題對年輕世代的諸位而言，我們運用客語寫詩、創作、唱歌，可能會遇到米莎講的「因為我們不使用客語談戀愛，不使用就不會這麼做」的這種狀態。語境這個部分，是我今天在座談中感受到最深的。

邱靜慧：我們在美濃的學校裡也曾經帶學生做詞曲，現在的國高中生也都是用華語思考，學生們也都會去模擬老師們會喜歡哪些詞，老師則帶著開放性去開發各種題材的想像，發展到後來也會有很有趣的事情發生。年輕人創作的東西已經跟我們這一輩的人不一樣，但他們用自己的方式去突破這種傳統的限制，慢慢地越來越開

放，我們好像應該多聽年輕人很真實的表達。

古碧玲：我聽了四位的發表都超出我的想像，竟然可以超出過去的鄉土，有很多個人情感的表述。我在想大家會用閩南語談戀愛嗎？客語如何被保留？客語要如何擁有能量？過去客家都是大男人主義，事實上維持家庭很多都是女性，我覺得現代的客家女性可以擺脫刻苦形象，是一種很大的突破，有機會也想聽年輕的客家男性和女性的交流。

葉雲平：最後我們請楊長鎮主委來為我們做總結。

撞破那面牆，客語的回歸與新生

楊長鎮：關於使用客語，我來講一件有趣的事。我在立法院用客語報告，很多委員其實是客家人，我發現他們幾乎都會講客語，很有趣。他們以前都不說的，所以說客語語境的創造要有主動性。從前唱客家歌的都是男性，但是今天看到的都是女性，這點也很有意思。我自己從小的經驗是，男生比較喜歡講客語，但看到女生過來就會耍帥講國語，我覺得這是自己族群認同的問題。現在女性開始寫、唱客家歌，我覺得很有希望。語境的部分，我們的語文競賽客家組的朗讀，常常都寫去阿婆家、去河壩玩水，怎麼寫都是這些，所以說客家歌裡都是鄉愁、黃昏意象。我在想如何去創造一個環境給客家，不同的語言社會，會創造不同的社會語境。因此我現在面對問題是「如何讓文化回歸」，我們自己要有能力去發展客家語言。

很多人覺得「客語本來就在那兒，你要把它找回來。」但我覺得不是這樣，在華語語境下成長的，自然就變成了華人。我要說的是，在我長大的過程中，我都是用客

語，我的思想就是客家的思想，因此，沒有發展，就沒有可能。以前的客語表達了鄉愁、阿婆這些自然的情感，將來這些語言有可能談論思想、學術、公共事務嗎？我在想有人可以用河洛話教康德，有可能也用客語教康德嗎？年輕人講的東西對我來說都很新鮮，我覺得客家有機會了，都好有趣。像是米莎〈1984〉表現的新東西，對我來說是會感動的。當然也要看各位表現了，聽起來是重責大任，但在你們的使用下，語言就會有生命。

參詳討論現場，客委會楊長鎮主委期盼與會者能用客語談論思想、學術、公共事務。

米莎：我想補充一點。當我要表達抽象的東西的時候，我認識的客家人不太用新的詞彙，是比較農家的，所以我偷學永豐老師的手法：魔幻寫實。比如馬奎斯、吳明益，對我現階段來說，這是一個可能性。客家的土壤、語言都是這麼質樸、直接的，語言不夠用怎麼辦？語言可以再生，當有新的東西我們就是去創造新的詞彙，我知道一定還有很多不同的可能，牆撞下去，就會知道還有很多的可能性。

葉雲平：我要去介紹客語音樂的時候，覺得聽眾的心胸也要再開放一點。我播歌的時候，大家都會說：「喔，客語歌喔！聽不懂。」我就會問：「你懂日文、法文、韓文嗎？那你為什麼可以直接喜歡上它？」這是我覺得很怪的心態，我的同溫層大多聽不懂客語，但是他們可以知道這些人在唱什麼。厲害的人在創作的時候，你即使聽不

懂，但能夠感受到他要表達的東西。原住民語也是這樣，我覺得大家不要因為聽不懂就不想聽，你先聽看看，不要因為語言的問題就去標籤化它。

延伸
閱讀

全球客家流行音樂大賽

為推廣客家流行音樂，並提供客家音樂人才更多創意揮灑舞臺，「客家流行音樂大賽」由客家委員會自2019年舉辦，獎項包含首獎、貳獎、參獎、最佳作詞、最佳作曲、最佳演唱及評審團特別獎，藉由客家流行音樂讓客語深入民眾生活，使現代新創作之客家歌曲有更多傳唱與展現的機會。2022年為號召更多音樂人參與，特別開放全球報名徵件，更名為「全球客家流行音樂大賽」，將賽制分為「創作組」及「歌唱組」，讓多元化的客家音樂被更多人聽見。（照片提供／客家委員會）

創作「語言」中的類型流轉

時　　間：2022 年 1 月 8 日（六）14:00 至 16:00

地　　點：左轉有書（臺北市中正區鎮江街 3-1 號）

召 集 人：

　　　　　葉 雲 平／洪範書店主編、臺灣音樂環境推動者聯盟理事長

與 談 人：

　　　　　Ｙａｐｐｙ／音樂人，嘻哈創作歌手

　　　　　王 鍾 惟／音樂人，創作歌手

　　　　　陳 瑋 儒／音樂人，創作歌手

　　　　　黃 子 軒／音樂人，「黃子軒與山平快」樂團團長

　　　　　彭 柏 邑／音樂人，創作歌手

記錄整理：江 怡 瑄

攝　　影：汪 正 翔

葉雲平：我們去年九月辦了音樂的第一場，第二場要談的是創作歌手在使用語言上的方向選擇。今天一開始要進入主題之前，我們照例會播放每位來賓的MV影像，讓大家認識他們的音樂創作內容。介紹今天的來賓們：黃子軒、Yappy、王鍾惟、陳瑋儒、彭柏邑。今天播放的來賓影片都是我個人選的，比如子軒的〈緊行緊遠〉，是我自己非常喜歡的，這是2015年《異鄉人》專輯的歌，這首歌意境非常深遠。接下來是Yappy的〈硬頸後生人〉，這是他比較前期的作品，在《大嘻哈時代》之前，也想讓大家認識Yappy這時期的作品。邀請Yappy來談一下當時的創作狀態。

Yappy：當時的作品跟現在整個人的狀態完全不同，我覺得自己的變化非常大。這首歌我沒有用很多複雜的東西，就是隧道的意象一直重複。我們人來到這個世界，也是從媽媽的子宮出來，像隧道一樣，我希望我們這輩的年輕人都可以找到自己的思想，暴力等等不好的社會氛圍都停止。

葉雲平：下一首是王鍾惟的〈GO MODE〉，這首是鍾惟被更多人看到之前的作品，我覺得也非常好，也請鍾惟來談談。

王鍾惟：其實自己長大很多，現在回去看就覺得自己有所成長。不過對我來說都是很特別的，那個時候的東西並不是很成熟，現在看心情很複雜。MV中間那段的演員群都是我認識的人，也是我朋友的爸爸，他就是一個客家標準男性的樣子。拍攝結束後他也不是很知道自己的兒子跟朋友們在做什麼，過程中他們都很享受，演得很有味道。

葉雲平：下一首是瑋儒的〈現代女媧〉，這首歌可以聽到瑋儒很厲害的唱功，以及樂隊老師精彩的演奏及編曲。這首歌從歌詞、唱腔、風格等等，都具備了極大的野心。

陳瑋儒：當時我用海陸腔來寫歌，我平常講的是四縣腔，通常都是我自己作詞作曲。現代女媧我請會寫客家歌詞的老師來協助，像這種有遠古傳說的歌詞，很適合飆高音。但上電視不能重錄、修音，所以大家會聽到一些很真實的破音。

葉雲平：接下來要介紹彭柏邑的現場演唱影像，也是一首我很喜歡的歌，叫做〈摘〉。這首是很少見的客語R&B情歌，雖然MV沒有上字幕，但它的歌詞其實非常厲害。

彭柏邑：這首歌一開始只有編曲，後來越唱覺得跟韓文歌的音很接近，於是我就把客語歌做成韓文歌的風格，希望可以吸引更多不聽客語歌的人，這也是一個文化推廣的手段。

葉雲平：播完來賓們的影片後，我們就要進入正式討論。要請各位聊聊，自己接觸、走進音樂圈的契機，又為何會用客語來做為創作語言？從子軒先來談。

「上鄉」，捨棄都市出發的觀點

黃子軒：我應該不算新生代，我很早以前做一個節目叫《客家新樂園》，有老、中、青三代，中生代的代表比如還在表演的林生祥、黃連煜。我其實很喜歡聽新生代歌手的作品，了解新生代對我而言也很有幫助。我們到了這個年紀，有這個世代客家音樂人所要擔負的責任。我是老新竹市人，我聽得懂客家話，但我弟弟到這個年紀還聽不懂客語。我一開始做的是華語音樂，大概十年前慢慢回來用客語寫歌。一開始我沒什麼把握，因為我對客家詞彙的掌握不夠好。在我們身處的環境裡，沒有嚴肅議題的詞彙，寫歌的時候就會遇到阻礙。比如「既視感」這個詞，用客語發音其

實是沒有人聽得懂的。上一場沙龍，米莎說過：「客語是農業時代的語言，有很多詞我們這個時代是沒有的。」所以回去使用母語、學母語來寫歌是很困難的，我想用這件事回應這幾年用母語創作的過程。

有一次我在工作室，聽到政治人物說「下鄉」探訪鄉親，當時我回到家鄉新竹已經一年多了，後來反覆咀嚼這句話，覺得真的是五味雜陳。當時在想，離開臺北以外的地方，是不是就是一個「上到下」的過程？所以後來我做了一張專輯叫《上鄉》，用了一句口號：「捨棄都市出發的觀點──下鄉」。鄉村在臺灣有很多種想像，很多面向，事實上每個人家鄉的模樣都不一樣。後來我回到家鄉

黃子軒

現為「黃子軒與山平快」樂團團長，內山小文化事業有限公司總監，東門 REC & LiVE 工作室負責人。新竹市舊城人，兩度獲金曲獎最佳客語專輯。「黃子軒與山平快」樂團作品有《異鄉人》、《童趣關西》、《上鄉》等。（照片提供／黃子軒與山平快）

做工作室「東門REC&LIVE」，當時的東門市場藏匿許多犯罪因子，於是政府決定把這裡打開，讓年輕人進駐。因為年輕人進場，整個東門市場在三年前變成一個很新潮的地方，從此我知道，「客家」應該要跟年輕人站在一起。三年前我到清大、交大找那些沒有離開新竹的年輕人，因為這樣，那個地方充滿活力。2019年的時候，我跟一個鄰居借空間，在那辦了一個劇場叫做《東門市場尋找浩南》。這是一個很有趣的過程，大家都覺得黃子軒一個得過金曲獎的人，好奇他到底要做什麼。這就是某種程度的媒體近用，原先民眾跟媒體的距離是很遠的，我一直希望「東門REC&LIVE」這個媒體的存在，能夠幫助這裡的居民得到跟都市相同的獲

知訊息的機會。這是一個展演空間和創意場域，鄰居要辦活動就會來跟我借地方。

新竹人很重視 CP 值，我們有點利用這件事，所以我們請調酒師來針對表演特調，讓民眾願意支持售票演出，在收支與支持展演這件事上得到了平衡。進行表演的時候是這個地方最美的時刻，因為很多年輕人都會來到這裡，但是他們很守秩序，對喝酒這件事很節制，這個空間就像大家的走廊。我在臺北的時候就想要做一個空間，讓臺上臺下都可以享受表演，離開的時候藝人也能有所收穫。文化工作是不能停下來的，你天天都要接受這些訊息，你一停下來，整個氣氛就會冷下來。市場店家對我是很大的助力，我只要一辦活動，大家就會開店，讓這裡熱鬧起來。某種程度我們是跟鄰居生活在一起，透過文化平權，讓隱性的客家人得到文化的自我認同，也學著去欣賞他人的文化。「東門 REC&LIVE」之於我或這個地方，就是一個舊城區的文化平臺。

葉雲平：子軒把這幾年在「東門 REC&LIVE」的經營講得非常詳盡，接下來請 Yappy 來聊聊，你是如何決定你要做音樂的，據說你以前是籃球校隊？

既然沒有前人，那就從我開始

Yappy：我當時的創作沒有特別希望音樂性要很突出，但我在想：如何跟別人不一樣？當時我從來沒有聽過用客語創作的、好的嘻哈音樂，因為沒有人做，所以我就想我要做這樣的音樂給自己聽。那是很不一樣的感覺，是非常發自內心的！我覺得我是哪裡人，我就要把那裡的東西鑲嵌在我的音樂裡面。在苗栗籃球非常盛行，國中畢業之後，球打得好的，都被保送去臺北的學校，沒有去臺北的就留在苗栗。大家的出路都差不多，我籃球沒有打得很好，運動我可能不是這麼有天分，我就跟教

練說我不打籃球了。那時我們訓練
的過程很辛苦，練球時，旁邊的音
響都播嘻哈音樂，那些音樂可以振
奮人心，我就有一種得到能量的感
覺，當時就開始喜歡上嘻哈類型的
音樂。

葉雲平：做音樂對你來說是重大的
決定嗎？

Yappy：我覺得是重大的。放棄體
育，也放棄了家裡長輩對我的期
望，都快搞家庭革命了。後來在這
條路上，我的成就越來越好，他們
也給我在音樂路上超多的愛，我很
感謝！

Yappy
嘻哈創作歌手，來自山城苗栗。曾參與《大嘻哈時
代》。（照片提供／Yappy）

葉雲平：接下來我們請鍾惟說一下，你也不是一開始就用客語對嗎？

用母語寫歌，全新的體會

王鍾惟：以前我和我哥會一起聽很多不同類型的音樂，當時我們喜歡聽聯合公園，
開始一起學打鼓，高中時我哥參加熱音社，我則去找老師學電吉他。之後就想自己
寫歌，音樂的性質就不會跟別人一樣。開始做客家音樂是高中畢業後，我不想讀大

 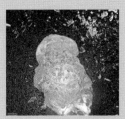

黃子軒與山平快專輯　）Yappy 專輯《EP-333》
《上鄉》。（照片提供／　。（照片提供／Yappy）
黃子軒與山平快）

陳瑋儒專輯《現代女媧》。　彭柏邑專輯《塹》。（照
　　　　　　　　　　　　　片提供／AM娛樂）

學，重考時不想讀書，希望做自己想做的事，像是唱歌、彈樂器等等。後來跟我哥開玩笑說要用客家話寫東西，一邊寫，就覺得很多東西寫起來好像很奇怪，但很有趣。我開始做客家音樂之後，沒有想這麼多，不過我開始想好好學客語，因為我寫出來的東西不太通順，會講客家話的人都聽不太懂，其實我也是想藉由這件事好好練習我的客語。

王鍾惟
創作歌手，新竹縣新埔人。曾獲臺灣原創流行音樂大獎客語組貳獎 、現場表演獎。（照片提供／王鍾惟）

葉雲平：鍾惟說到小時候跟哥哥一起做音樂，哥哥現在是知名樂團「美秀集團」的鼓手王鍾錡，這個交互影響應該也蠻有趣的。接下來要說的是，其實在得到原創流行音樂大獎之前，你已經組織了「好客工作室」，想請你來談談組織這個工作室的想法。

王鍾惟：起先「好客」是為了《GO MODE》這張專輯創立，製作時遇到很多很多困難，甚至可以說它至今尚未完成。對我來說《GO MODE》這張專輯有很重要的意義，因為製作這張專輯，讓我真正地去體會，我曾經寫過的詞對我的意義是什麼。比如說，我本來以為寫的這些東西我都了解，但回去檢視那些歌曲，竟然都是全新的體會。回到「好客」這個話題，現在正在慢慢運行當中，我和我的夥伴都覺得做這件事非常有意義。

2021年，王鍾惟於東風音樂祭演出。（照片提供／王鍾惟）

葉雲平：我們等等也可以再回來請鍾惟談他做音樂的歷程，和參加比賽的心得。接下來請瑋儒，聊聊你的音樂、跟用客語創作的過程。瑋儒出道有一段時間了，你18歲的時候做過華語創作，是偶像歌手的路線，然後在十年前開始參加一些客委會舉辦的歌唱比賽對嗎？

未來世界，哪些客家音樂會留下來？

陳瑋儒：是的，先說〈現代女媧〉這首歌，它有兩個版本，在歌詞、編曲上都一樣，但我換了一種腔調來唱，也是一個我自己想做的嘗試。剛剛說到在做客家音樂

之前是華語歌手，簽約藝人，當時沒有紅。於是開始思考我想要寫什麼樣的歌曲，後來看到客委會辦的桐花詞曲創作大賽，才開始想說要做客語歌。我跟鍾惟一樣，以前用木吉他來寫歌，2016年我發行《我爸講海陸我媽講四縣》這張專輯，客家的朋友聽到我寫這樣的歌都覺得很有趣，後來我就習慣用不同腔調來寫歌，我的代表曲目就是〈我爸講海陸我媽講四縣〉。同時，我也是一個音樂公司的負責人，也有主持「講客廣播電臺」，偶爾出演一些角色，所以我了解到客語聲腔對語言創作的重要性。我的客群是1940至1970年代出生的人，但我一直想吸引年輕族群，我認為音樂風格是很重要的第一步，所以第一張專輯《現代女媧》嘗試製作很有挑戰性

陳瑋儒

創作歌手、唱片製作人、配樂暨文化工作者，雷克斯音樂有限公司負責人，講客廣播電臺主持人，是臺北出生，原鄉竹東的客語創作者。曾入圍金曲獎。作品有《我爸講海陸，我媽講四縣》、《現代女媧》等。

的音樂風格，編曲讓我可以不斷飆高音。我知道一首客家歌曲，一定要讓時間來證明，我認為客家族群在100年後一定不會消失不見，所以我一直在做客家音樂，希望給更多客家鄉親聽。這邊我想提出一個理論：在2500年後，客家人們如果乘坐太空艙，穿梭在這個宇宙，他們會播哪些客家男歌手的歌曲？其實現在活躍的客語男歌手就這麼多（20幾位），於是客家音樂想要流行起來，必須要有更大的基數。

葉雲平：再來想問問柏邑，你起先是接觸編曲工作的，怎麼會轉到創作客語歌？

意料之外的光芒，
重新找回創作方向

彭柏邑：我一開始也是做嘻哈編曲，也都是唱中文，寫中文歌時，大家給我的回饋都是「普通」。當時我的老闆看到原創流行音樂大賽，就要我去試試看，我的專長是編曲，就硬著頭皮想說那就來寫寫看。後來意外得獎，大家發現我在唱、寫客語歌曲的時候，有一種唱中文歌時沒有的光芒。小時候爸媽在家都講客語，我的聽、說能力都很好，但到了臺北之後，就沒有這

彭柏邑
嘻哈、流行音樂唱作創作歌手、製作人，新竹縣竹東人。曾獲客家流行音樂大賽最佳作曲獎，作品有《塹》等。（照片提供／AM娛樂）

個環境，於是這個能力會慢慢消失，比如今天，我都聽得懂大家表達的，但我自己就沒有辦法很順暢地說出來。然後當時寫了第一首客語歌〈阿婆〉，我原本對自己寫客語歌很沒自信，比賽之後有些評審覺得我做客語歌的時候，創作魅力整個綻放出來，對我來說大大地增加信心。

葉雲平：從你拿到原創大賽的佳作後，也沒想過要都用客語創作，是被鼓勵後才開始出客語專輯？

彭柏邑：我後來寫了兩三首DEMO，唱片公司覺得我唱客家歌有種跳出來的感覺，也有得到文化部的補助，在這情況下慢慢找到創作的興趣，也想把客家語言慢慢找

回來。我做了一個嘗試，把國外研究出來的編曲拿去套在老山歌身上，都得到很有趣的效果，到現在我都還在持續這個遠大的計畫。

葉雲平：謝謝柏邑。我把這次的活動定位在風格跟類型上的探討，我想請各位聊的是，比如子軒的創作從華語流行的民謠、搖滾等等，到現在也有一些 Hip-hop 的元素加入。每個人在創作音樂時，應該會優先使用自己喜歡的音樂類型。想問的是，大家把客語套進這個音樂類型時，有遇過什麼樣的困難嗎？或反過來說，你創作時，會先考慮適合客語的音樂類型或風格嗎？客語和音樂類型的互動間，有趣的結合是什麼？

客家音樂的搖滾與能量

黃子軒：我一直在思考：什麼叫作客家音樂？是不是用客家話寫的就是客家音樂？一開始做音樂節目時，我回去聽傳統山歌，發現客家音樂、流行音樂，可以用語言去做。從客家傳統小調到吳盛智老師的創作，中間有很大的斷層，我想去弭平中間的斷層。我們的客家音樂是跳躍式地前進到現代，我想要音樂有客家的味道、精神，不是只有語言的表現。我每次參加天穿日，那些老人家用他的嗓音去詮釋山歌，我覺得這個聲音是很搖滾的，為什麼現在沒有人去找到這個脈絡（從山歌到流行樂）。比如山歌的技譜跟 R&B 是很像的，都有很自然的延音。我一直在思考，到底什麼是音樂中「客家」的感覺，我認為語言跟樂曲並進，這兩種東西疊加，會慢慢形成我們現在的樣子。

葉雲平：謝謝子軒。再來問 Yappy，從打籃球到做音樂，然後去年你在《大嘻哈時代》大放異彩，繼續用客語做 Hip-hop 歌曲，你覺得在創作上有什麼樣不同的心境？

你把客語放進樂曲當中的時候，有什麼樣的困難或想法嗎？

Yappy：一開始我很執著於要全部都用客家話寫歌詞，後來發現在訊息傳遞上，聽眾可能可以感受到某種氛圍，但無法很直接地感受到我要表達的東西。後來慢慢就調整成，部分需要很強的能量時就用客語。比如「蓋火鍋」這個詞，用客家話來唱就有很大的威力。我們自己的語言能力有限，在使用客語去押韻時，沒辦法像中文這麼流暢，無法很即時地呈現更強的韻律感。雖然到目前為止，有慢慢找到訣竅，但還沒有辦法很明確地使用。我現在找到一種客家話獨有的「顆粒感」，是中文做不出來的，在座的客家歌手都有超強的能量，我們聲音中的獨特性是別人作不到的。做音樂要先感動自己才能感動別人，我希望我的歌也能讓大家聽得很開心。

葉雲平：謝謝 Yappy 的分享。再來鍾惟的歌在類型上不只是 Hip-hop，你們以前做的是金屬搖滾，後來也呈現出不一樣的風格，也請你聊一下在音樂類型上如何做取捨。

王鍾惟：誠如子軒哥說的，如果拿掉客語，那什麼是客家音樂？也許在未來，這個定義是，我們做有客家風格的音樂，而不是用客語做客家音樂。客語有一些東西很難在其他語言中找到那種味道，我們使用客語在押韻上也有點困難，也許是我詞彙不多的關係。然後客語有些發音不是很適合用很快的速度來說，我自己的經驗是，我很喜歡在自己的音樂中使用英文，這個可以幫助我沒有辦法用客語詞彙押韻的困境，比方我需要速度很快的段落，英文可以做一個潤滑的效果，也很跳脫客語的慣性音感。我們現在做的客語歌很難讓人一開始聽懂，但我副歌用英文寫，聽不懂客語的人就可以有參與感，聽的人也不會覺得被排斥在外。使用客語像是一種使用魔法的經驗，像是〈GO MODE〉這樣的歌曲是兩種語言拼出來的，再把節奏填進去，這個過程是很好玩的。

葉雲平：接下來請瑋儒談談風格的轉變。你在做長篇史詩型的客語搖滾時，對音樂類型上的結合，抱持著什麼想法？

誰會聽客家歌？什麼是客家風格？

陳瑋儒：我認為你的想法豐富，你的歌就會有很好的外衣。客家風格是要體現客家鄉親所需要的是什麼，比如我爸媽聽什麼樣的音樂風格就是我的參考指標。我媽也會說：「誰會聽客家歌？什麼是客家風格？」這有兩種說法：一種是「我是客家人，所以我做出來的任何音樂都是客家音樂。」這是形式上的；另一種是客家精神，要體現出客家人正面能量。

葉雲平：那麼柏邑決定要做全客語的創作時，是如何考慮這些音樂風格的？

彭柏邑：我很喜歡錄講客語語言時的一些聲音，來當作編曲裡的一種參考。我很重視客語咬字的一些平仄，大量運用，把這些聲音灑在編曲上面。

葉雲平：柏邑本來就很擅長做編曲，所以自然會把客語的聲音用進去，這應該也是你很特別的優勢。去年九月第一場客家音樂沙龍，我們有稍稍聊到語境的部分，也就是說現代語言要如何去呈現從前的客家語境？請現場旁聽的朋友發表一下意見。

黃泳玲：我現在在當客家社群小編，拿這些我經手編輯的音樂去給我阿公阿婆聽，就發現客語女歌手好像都以「小清新」的風格為主。我就在想為什麼是小清新？我阿婆講電話超兇的，我們的客家音樂類型是不是跟我們的生活情境是脫節的？講到類型，我還蠻想做有吼腔的重金屬，很貼合我阿婆罵人的精神。關於語境的部分，我就想到對我做音樂的歷程而言，很沒自信的地方。我是屏東客家人，我寫自己的

2021 年，Yappy 榮獲嘻哈選秀節目《大嘻哈時代》年度第三名。（照片提供／Yappy）

歌，唱出來的時候，我家人卻聽不懂。我就想，我應該回去屏東重新學習自己的語言，因為我一直在用不是屬於我的養分，當然沒辦法感動我自己。今天聽完大家的討論，我還想到關於押韻的部分，應當不是客語不好押韻，我想是我們不太擅長這一塊。後來我隱身在臉書的一些客家社群裡，看很多老人家上傳打油詩，他們押韻都押得非常好，就會偷來用，其實也在培養自己的自信。

葉雲平：我們線上的朋友也有一些提問，想請幾位創作人來回答。第一個問題是：「幾位的歌詞唱作，大部分都有提到客家或相關客家文化，如硬頸、回鄉等，未來在客語歌詞創作上，是否有其他可能性呢？」

黃子軒：我自己做過「回家三部曲」，確實有很多客家歌跟回家相關，許多年輕人的創作也會寫跟回家相關的主題。我現在想要用很自然的態度去面對我的音樂，在下一張專輯我寫了很多不同的主題，比如疫情下的想等等，我覺得我們必須發明新的詞彙，語言需要往前走，才能活下去。客語焦慮對我來說是不必要的，應當是有意識地，找到這個語言和時代並進的方法。

陳瑋儒：客家音樂人有種使命感，有故事要寫，一定就會持續下去。除了美食以外，大家會聽的就是音樂。我們盡量說客家話，語言就不會不見。

葉雲平：第二個是：「除了 Yappy 在《大嘻哈時代》傑出的表現外，最近也在《聲林之王》看到選手以客語歌曲參賽。想請問 Yappy 以母語參賽是否會有什麼障礙？

Yappy：我覺得沒有什麼障礙，前面幾次參賽，評審們其實都關注「語言」的部分，他們覺得很新鮮，這件事對於整個音樂市場是很好的。我希望之後的選秀節目，能

看到更多客家人去衝撞這個華人市場的體制。

葉雲平：最後請鍾惟來聊一下，現在有些聲音是覺得，客語歌不過是把客語語言塞進華語歌曲。早期的新閩南語歌也面臨到一模一樣的問題。那是不是說，一種語言要轉化成流行音樂的時候，都會遇到一樣的問題？

王鍾惟：客語歌還在慢慢演化當中，就像〈GO MODE〉這樣的客家歌，客家人都聽不懂。但我認為這都是一個過渡，一定會有一段時間，我做的客家歌沒人聽得懂，但拉長遠一點來看，客家人也用他們既定的習慣在審視現代的客家音樂，可能聽眾也在慢慢接受這樣的新型態。

葉雲平：謝謝鍾惟，也謝謝今天來參加的以及線上的朋友們，第三場我們會談關於「音樂產業」的部分，有其他問題也歡迎來到參詳這樣的音樂沙龍交流。

延伸
閱讀

東門 REC&LIVE

音樂展演品牌「東門REC&LIVE」位於新竹市東門市場3樓青年基地，由金曲獎音樂人黃子軒創辦，2020年正式開始營運，反轉曾是犯罪分子聚集地的東門市場，成為年輕人與在地居民的展演空間和創意場域，創造新竹在地音樂及不同類型實驗展演，更與市場店家合作，透過文化平權，讓隱性的客家人得到文化的自我認同，作為舊城區的文化平臺。除了有錄音空間，更推出東門市場現場錄音演出「Bazaar市場／REC&LiVE」、廣播、直播、Podcast節目等企劃。（照片提供／黃子軒與山平快）

傳統之外的客家音樂製造

時　　間：2022 年 4 月 16 日（六）14:00 至 16:00
地　　點：左轉有書（臺北市中正區鎮江街 3-1 號）
召 集 人：
　　　　　葉 雲 平／洪範書店主編、臺灣音樂環境推動者聯盟理事長
與 談 人：
　　　　　邱 丹 霓／少女卡拉樂團和聲編寫及閩南語歌曲創作
　　　　　黃 稚 嘉／少女卡拉樂團主唱
　　　　　賴 予 喬／春麵樂隊主唱
　　　　　戴　　陽／詞曲創作者、製作人、愛客樂 iColor 成員
　　　　　蘇 通 達／編曲、製作人、好痛音樂負責人
記錄整理：江 怡 瑄
攝　　影：汪 正 翔

葉雲平：這次討論的是，客家音樂在整體華語音樂製造中所扮演的角色。邀請到知名編曲製作人蘇通達，新生代編曲製作人戴陽、創作人「春麵樂隊」的賴予喬、新生代重要的母語創作樂隊「少女卡拉」創作人黃稚嘉，以及線上對話的和聲編寫邱丹霓（少女卡拉團員）。我會先播放這幾位來賓最近的作品，也請他們聊聊音樂圈接觸的契機，以及未來的創作計畫。首先播放「iColor愛客樂」的〈他鄉尋客〉，請戴陽來聊聊這首歌，可以就最後對弦樂版本的選擇，以及為什麼會找葉老師合作等重點來討論。

戴陽：本來專輯裡沒有弦樂，但為了營造磅礴的氣勢，於是增加了弦樂版。〈他鄉尋客〉這張專輯想嘗試不同的組合，像客語詩人葉日松老師和一些教授。葉老師的詩詞是之前就寫好了，講一個從西半部來到東半部的移動過程，裡面有一句很動人的詞：「故鄉係他鄉 他鄉變故鄉」，在轉移的過程中，新的地方就成為你的家鄉。這樣的情懷就會給人一種心事放不下的感覺，因此葉日松老師想到他的爸爸媽媽，所以這首詩就是要寫他父母的故事。MV本來的版本比較內斂，但他對我來說是國寶級的客家詩人，因為想致敬他的詩詞，我們也跑到臺東跟他談了一個上午，希望以更高的規格對待這首詩，並完成這首歌。

戴陽

詞曲創作者、製作人，現任好痛音樂旗下「愛客樂iColor」成員，Future Sound Music製作人。曾入圍金曲獎。曾與潘瑋柏、SpeXial、CTO、張涵雅、韓國男團EXO-CBX、韓國男團MONSTA X等知名的歌手、團體合作。（照片提供／戴陽）

葉雲平：在播放愛客樂的新專輯之前，請戴陽聊一下，一方面是音樂團體成員，一方面是華語流行歌編曲人。後來以非客家人的身分跟客籍的邱廉欽合作，你們認識、接觸客家音樂的契機是什麼？

戴陽：十年前我剛上臺北，想進入音樂圈，有天蘇通達老師就打電話問我要不要當製作人，就此開始做了第一張客語專輯。想不到會跟我的夥伴一起做了十年。
我雖沒有客家血統，但我認為，不管是音樂、繪畫、建築，認同是很重要的，一件事沒有認同很難進行。我認同客家音樂文化，當你認同，對我而言就已經是客家族群的一環了。

葉雲平：接下來是愛客樂的另一首〈徙 Sai〉。蘇通達是這張專輯的製作人，裡面有一些雷鬼的元素，你可以談談製作的概念嗎？

蘇通達：這首歌前年以單曲方式發行，當時認識了一個有客家血統的雷鬼音樂人，我們覺得這個東西很有趣，可以拿來討論。但這首歌我們希望不要這麼正統的雷鬼，因此只擷取了部分元素來使用。

葉雲平：「好痛音樂」甚至為這首歌做了牙買加客家音樂人的懶人包，起因是 1960 年代移民到牙買加的廣東客家人落地生根，其中有客家音樂前輩開了唱片公司，也幫許多雷鬼大師錄製唱片。陳客禮他們最後到紐約成立一個廠牌，再繼續推廣雷鬼音樂。前幾年陳先生還來到臺灣，以他導演的紀錄片來講這整個過程。除了這首歌之外，剛剛戴陽也談到你的提拔，是你促使他們去成立客家團體嗎？

蘇通達：我製作音樂以閩南、客語為主，華語是因為經濟考量。但這筆經費還是拿來做母語創作。我第一個接觸到的是客語，無論賺不賺錢我都願意做，像邱廉欽他是客家人，我都覺得他應該要對自己的民族有所交待。我打給戴陽的契機是因為我當時有別的事情，於是請戴陽幫忙製作。第一張專輯不管音調唱得對不對就發了，第二張開始漸入佳境，越來越要求品質，也漸漸地深入到自己的根。到去年我也才知道自己有客家血統，覺得很開心。

蘇通達

編曲人、製作人，現為好痛音樂負責人。擅長融合多種曲風，鍾情於母語音樂之推廣與創作。曾入圍金曲獎。
（照片提供／蘇通達）

葉雲平：一般聽眾知道你的成名作就是電音版的〈身騎白馬〉。你對於母語創作跟當代流行樂結合很有心得。後來也做過客語、河洛語、原住民的歌曲，那跟母語音樂製作的源頭是什麼？

蘇通達：我曾在國外一間很多優秀音樂人的學校生活，有一些發過專輯的音樂人，我們就會一起交流。各個國家有自己的音樂特色，他們就問臺灣有什麼音樂？我以前接觸過國樂，這是泛中華文化的樂器，漢人只有古琴，其他都是西域樂器，這些都不屬於臺灣，那我們有什麼？這件事我就放在心上，他們有特殊的音階、樂器等等，我就想到歌仔戲。怎麼跟外國人介紹？要如何從臺灣的根去挖出東西來？那就是開始的源頭。

葉雲平：接下來是賴予喬，春麵樂隊的主唱跟創作者，但他們的編制跟我們所認識的樂團或搖滾樂非常不同，一起來聽聽看我很喜歡的歌〈基隆路二段〉。

賴予喬：這首歌有四個連續的字很有意思，「挖」這個詞在客家話有四種發音，當受詞不同，會影響他的發音，我喜歡用這種方式來學習客家話，這時候就有很多不一樣的東西可以去發掘。

葉雲平：春麵是我很喜歡的團體，通常我會選比較新的作品，最新的應該是去年《茶金》的插曲，也做了乾拌麵相關的單曲計畫。樂團有吉他手、單簧管、豎笛等編制，那麼這首歌加入了一點爵士樂，在客家用語上有很特殊的地

賴予喬

「春麵樂隊」主唱。曾獲金曲獎最佳客語專輯獎項、新加坡 Freshmusic Awards 最佳新團體、金音創作獎、臺灣原創流行音樂大獎首獎等。（照片提供／賴予喬）

方，同時也是春麵的特色。很多人說予喬的聲音能當作一種樂器使用，利用語言的特性、發聲等，把這些整個融合在音樂裡面。有很多客家朋友覺得第一時間聽不太懂，但這就是他們的特色。想問予喬，在春麵跟當時在二本貓時的演唱方式就不一樣？

賴予喬：加入二本貓是誤打誤撞，它本來就是一個爵士樂隊，因為是剛開始玩樂團，所以做什麼都會很小心。2018 年，我找了春麵樂隊的團員：單簧管楊蕙瑄、低音單簧管高承胤、吉他手葉超一起到客家電視《鬧熱打擂台》用客語歌比賽，拿到

少女卡拉專輯《卡拉電台》。　　春麵樂隊專輯《到底》。　　愛客樂 iColor 專輯《靚靚》。

年度總冠軍，因此團員對客語的感受是相對深刻、覺得好玩的，他們對文化相關的事情很有熱情，玩在一起就很自然，因此就有更多的實驗與討論，我可以思考用什麼腔調來展現客家話。我都說我的聲音是一種會講客家話的樂器。

葉雲平：接下來要給大家聽的是新生代創作樂團「少女卡拉」的作品。這是你們比較早期的得獎歌〈許你一片麥田〉，這個MV版本是得獎後主辦單位幫你們做的版本，你們自己原本有一個MV，後來還有一個英文的版本，目前已經有三種版本。也請你們來聊一下三個版本的不同，以及當初為什麼以客語來做母語創作。

黃稚嘉：我爸是客家人，我媽媽是臺中人，高中讀臺中一中，一開始比河洛話的演講比賽，第二年因為沒人會講客家話，老師就說兩種語言聽起來都差不多，就去試試看吧！我也想說我就是客家人，就應當要講客家話，所以就去試了。我覺得對於語言是一種信念，也是一種逆向工程（長大後才回去注意自己的母語）。我高中就去考客家認證考試，每天用客語寫日記，日記是一種嘗試，是可以慢慢修正的東西。國中時去上編曲的課程，於是我就會去思考，在母語創作上需要提升些什麼。我認為應該要用我祖先說的話，去做我想做的事。

黃稚嘉
「少女卡拉」樂團主唱，長期關心並參與母語議題及活動。曾獲澎湖縣文化局褒歌傳唱新創徵選活動銀獎、客家委員會客家流行音樂大賽首獎。（照片提供／Siàu-lú khah-lah 少女卡拉）

葉雲平：稚嘉剛剛在講的是他國高中的自覺過程，也是形成了現在少女卡拉用羅馬

字寫母語的契機。丹霓你和稚嘉對於這個樂團有什麼樣的共識？

邱丹霓

「少女卡拉」樂團和聲編寫、和聲、及臺語歌曲創作。加入「少女卡拉」後開始接觸客語。曾入圍金曲獎最佳客語專輯獎、年度專輯獎。（照片提供／Siàu-lú khah-lah 少女卡拉）

邱丹霓：我小時候跟阿公阿嬤住，會聽母語跟音樂結合的歌仔戲。後來有機會去參加閩南語演講，除了區賽，其他都是現場出題目，當時抽到「洪仲丘案看軍中」。拿到時就在想，原來母語可以拿來說很多事情，不只是生活日常，也可以是一個議題。後來參加活動，認識了稚嘉，就決定要一起做音樂，認識稚嘉後才開始接觸客語，對我來說很陌生。有一些字是閩南語跟客語裡面都沒有的，所以我們想到要用羅馬字來學一個語言，希望大家能透過羅馬字來了解我們的音樂。

黃稚嘉：大學時去比賽，完全無法比客語歌曲項目，我就在想應該要來完成這件事情。剛剛丹霓說的閩南語跟客語的問題，用羅馬拼音來解決。比如參詳在客語、河洛話都唸「參詳」，年輕人英文程度相對比父母好，因此看羅馬字是完全沒問題的，能讀音總比完全不會唸好。用羅馬字組合，就會用熟悉的方式來學一個語言，就是說不管河洛或客家人，不管對誰來說，我認為羅馬字對轉型正義來說是非常重要的事情。

葉雲平：今天把焦點放在：當有想法去創作後，要如何在產業鏈中被製造出來？想

先問阿達，你在執行過程中，當要做整張客家音樂，這其中有沒有遇過什麼樣的問題？其他創作人在製作的過程中，要如何跟製作人討論製作的方式？

陪你走這段漫漫長路，扮演不同角色

蘇通達：本身受的訓練蠻多的，我已經養成習慣，接到任何一個工作，就開始去解析需要的元件。接觸母語後，開始有其他的思考方式，現在說客家音樂或母語音樂，其實已經以西洋音樂為骨架去思考。國外從14世紀就開始有很豐富的音樂，這是我們可以借鏡的。回到前面的問題，到底什麼是正統的客家樂器，又什麼是中原樂器？在這上面鑽牛角尖，最後出來的就是音樂作品，反而不一定是好聽的效果。我所學的背景是編曲，在樂器上著墨較多，說到身為製作人，當歌手不知道自己的定位。我就要了解他如何定義自己，聚焦在藝人本身的特色也是很重要的事情。如何協助他們走出自己的特色，都是必經的過程。一人的養成是一段漫長的路，需要教育與塑造。「愛客樂」前面幾張專輯我沒有介入，直到最近一張，我也想加入，慢慢發現邱廉欽有一種濃厚的客家腔。我就跟他溝通要如何更本土化，包括客家八音加了那一點點的香料，就會覺得這首有客家的味道。

葉雲平：戴陽在其他人的唱片中也擔任製作跟創作人，你怎麼看待雙重角色的問題？

戴陽：我跟阿達老師的狀態不太一樣，我又是製作人又是藝人，我會到客庄接觸居民生活以及他們的故事。別人也會問我，除了語言，有什麼特色能稱為客家歌？第一種最經典的是山歌、八音、二弦，將其視作一種武器。另一方面，要讓樂曲富有客家文化，有時候跟文字語言相關，表演的時候我們會去討論客語的五大腔調，用

不同的旋律去呈現客語的各種腔調，都是因為這些討論，所以和客家有了連結。

葉雲平：戴陽說到一個重點，「愛客樂」是你編曲製作，不同客家腔調的唱法在編曲旋律上做調整。予喬跟稚嘉、丹霓，你們也有當過製作人，在這樣的合作過程中，無論是二本貓或春麵，在製作面有意識地要做客家音樂，在溝通過程中如何形成一個共識？

賴予喬：去年有跟桑布伊合作一首歌──〈擁抱〉，我本來就會把私人的想法跟製作人討論，這首歌傳遞「思念」那種情緒。當時一起唱的時候包括我、團員、製作人，都沉浸在這種思念的感覺。很幸運的是，我們更加理解「擁抱」，在過程中，彼此是想要擁抱彼此的作品的，除了「擁抱」這個詞彙帶給我們的感受，我們對作品的品質、品味，剛好是很相近的，於是可以作品往下一個步驟去激盪出更多的想法。每個人有不一樣的角度，但是要做成什麼樣的客語音樂的形成過程，還是要按照音樂人的本能，同時要互相體諒、理解。

葉雲平：少女卡拉在錄製專輯的過程中，跟製作人會怎麼討論原本想好的方向？

黃稚嘉：語言有文化，有文字才有文明。很多人問什麼是客家歌、客家文化，其實他是一個東西，像韓國泡菜是韓國的文化，它具備韓國的文明。你要問什麼是客家歌，這是一個載體，就是說他最本質的東西是什麼？我覺得是語言跟文字。不管你唱客家歌、吃客家菜，語言本身，以及文字要傳達的東西才是最重要的。

葉雲平：所以你認為語言跟文字是重要的事情，核心的東西搞定後，其他的東西是裝飾嗎？

黃稚嘉：我是這樣跟製作人討論的，他要認同這樣的理念，才有辦法繼續製作。

邱丹霓：跟製作人溝通最重要的是要符合那個民族的音調，比如我的歷程是接觸歌仔戲，他是一個完全融合聲調跟旋律的音樂。舉例來說，臺語是一個有聲調的語言，同樣的發音有不同的音高，這時候就會有不同的意思，在歌曲中，我也會根據他的聲調去寫旋律。

葉雲平：另一個議題是，在這幾場沙龍大家一直會討論到的題目，也就是：什麼是客家音樂或客語音樂？上一場也有聽眾問，我們去聽各種像KPOP、JPOP等等，把這些拿掉之後，回到客語音樂，客家音樂把客語拿掉，他還能不能成立。我想把這個問題也延伸到這場，如果不去管語言，像阿達跟戴陽會找客家代表樂器去增加客家特色。想請問阿達，把客語拿掉之後，客家音樂要如何成立？

吸收和包容，超越語言的定義

蘇通達：這是我一直去探索的一把尺，對我而言，會從樂器和聲響的角度切入，我沒辦法要求每個歌手用很純正的腔調來唱，因為每個歌手有他的特色。要談正統會沒完沒了，我們不一定要堅持傳統，其實應該是要去討論或包容的。無論語言或聽覺、音樂，我們都是不斷去吸收大時代的優勢文化，讓它成為我們的一部分。如果有一天客語站在比較強勢的位置，也應當要包容時代或其他文化。

葉雲平：戴陽在做客家音樂跟華語音樂的時候，你覺得差別是什麼？

2021年，艋舺青山宮，春麵樂隊 ChuNoodle 身穿臺灣原創服裝品牌「BOB Jian」，配戴臺灣純淨珠寶「以覺學 INTZUITION」，自辦免費線上音樂會。（照片提供／春麵樂隊）

戴陽：若把語言、歌手的特色、故事性抽離，實際上是真的分辨不出來的。現在的獨立和流行音樂也很模糊，很難說聽到一個曲調，就知道他是什麼民族的音樂。

賴予喬：（以當代藝術品為例）當代在生活的人進入一個融合狀態，純做傳統的人，

也會跟著時代的進步演進，也會使用現代的媒材。現代藝術的媒材也有煙草、蔗渣，融合現在流行的東西。在協助作品的時候我也會因此產生共鳴，大家認為，藝術是高格調，它不會跟時下的東西融合。這是我回應什麼是客家音樂答案，本質上也會去想：這是不是藝術？

葉雲平：剛剛予喬提到的是，自由、藝術、創作之間，要保持一個開放性的態度。稚嘉對於這件事有什麼想法？

黃稚嘉：我認為就語言、音樂方面來說，客家話的聲調、語言，本身就有一個聲韻，就像新竹人唱山歌也用四縣腔唱而不是海陸腔，音樂性其實就存在於語言本身。我創作是用客語去思考客家歌，一種客家之於世界的論述方式，用客家的觀點去理解，就會有比較大的價值。我們用客語文化去思考，那就是我們的東西。它慢慢地會形成一種風格，像我們看到生祥樂隊，我們就會說那是客家歌。

葉雲平：你們創作的想法是超越語言的，這是厲害的武器，也是一種當代性的價值。同時以這個精神核心來發展創作意圖。在閩南語歌曲剛開始發展時，也面臨了現在客語歌曲遇到問題（什麼是客家歌曲），請丹霓來談談，當時「新臺語歌運動」，〈向前走〉這樣的作品轟動的時候，閩南語歌創作人也不認同，丹霓對這件事的看法是？

邱丹霓：我很認同蘇老師說的，我們要保持一個開放的態度。我們必須接受每一個語言都會變化、進步，以前我們接受過荷蘭、日治殖民，這些文化、語言的界線會不斷鬆動。因為語言會影響專輯的走向。當徐佳

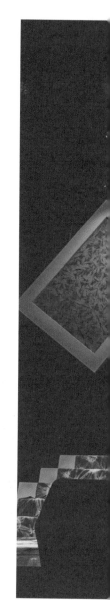

2018 年 9 月 16 日，iColor 愛客樂跨
界演唱會 。（照片提供／戴陽）

參詳會後合照,左起:鍾永豐、黃稚嘉、葉雲平、蘇通達、戴陽、賴予喬。

瑩唱〈身騎白馬〉,無論是文化或語言都要一直進步,把這些組合呈現給聽眾。我們既然想讓聽眾有新的感受與滋味,就要接受這個東西是會變化會進步的。

蘇通達:如果用語言去分類歌曲,在音樂上去分類會有點問題。比如什麼是日本歌?這不是一種音樂的分類,音樂不該用語言分,金曲獎立意良好,是要保護各種語言。但不同的東西要怎麼在同一個類別互相比較?「客語」歌跟「客家」歌是完全

不同的切入點，當我們說「客家歌」就會產生討論空間，也就是這些歌有什麼必要的元素。

葉雲平：我們目前無法在這幾場沙龍中解決，但是為了開啟一個討論空間。這三場下來，一直去談客語音樂的困境或可以思考的問題，我們都希望客語音樂能發揮更大的影響力，你做的音樂對世界來說是有價值的東西，這才是精神核心。我們放在整個音樂的產業環境，界線越來越模糊了，也許在某些情境之下，不用去強調這是客家音樂了。這個音樂已經成為你自然而然能夠使用的武器，它可以震撼、影響到整個樂壇。再問問阿達，母語跟流行音樂的相互關係是什麼？

用「感受」傳達文化，客家宇宙的膨大

蘇通達：我以前聽歌，是音樂先說服我，我才開始欣賞它，並不是說它是什麼風格或語言。我也在思考要怎麼去切入，我們也只是做一個東西出來，政策面更重要，比如新加坡要先考母語檢定才能進大學，我覺得這很好。

葉雲平：我在音樂沙龍第一場就覺得，很多時候因為語言不懂就先排斥，而不管這個曲風喜不喜歡，聽眾的耳朵、心也要開放一點。

戴陽：做母語音樂也不用一直強調他是客語音樂，比如KPOP也是聽你不懂的語言，聽眾會有他自己的感受。不管你要傳達客家文化或什麼，我覺得語言或民族性都不是行銷或包裝需要一直去闡述的事情。

賴予喬：我有幾個私人經驗：第一，我去年去臺南音樂節，看到18歲左右的年輕

人，我問他們知不知道什麼是客家人？他們很傻眼，我就講了一個客家的歷史，告訴他們，歡迎大家都來成為客家年輕創作人。第二，有一個12歲的小朋友，他說老師我不想聽我聽不懂的歌，我說但你還是要完成我給你的作業，所以我就播了春麵樂隊在2019年得到金音創作獎「最佳跨界／世界音樂單曲獎」的〈我在你的眼睛我看到了你〉。後來他說：「我覺得這首歌聽起來很悲傷。」他也想寫這麼悲傷的歌。在這個互動的過程，給我一個很大的驚喜。

黃稚嘉：我覺得最重要的是語言，客家話有很多的方式來說一個詞，可以用不同的腔調來表達更細微的情感。我認為應該建立一個「客家宇宙」，裡面的人都講客家話，這才有一個方向，同時思索我們在這個世界要如何去表達自己。這是一個討論的基礎，對客家有興趣、有這樣的觀念，這個客家宇宙才會越來越強大。

葉雲平：其實就像是Beyond的〈海闊天空〉，很多人唱這首歌不一定會講廣東話，但當你建立起來的宇宙夠強大的時候，就能讓更多人來學這個語言。

邱丹霓：當我們走向新的音樂、時代，我們要用簡單的方式，讓聽眾對你的接受程度提高。我創作時會放入這個語言的標誌，比如某個語言獨有的故事。再來就是當代的議題，比如大家工作都很辛苦、苦苦等待這些東西。現在要寫，就要配合社會運動的議題，都會女子、文明病的問題，這些東西是現代人比較注重的。然後要有一個熟悉的「入口」，一張好看的海報，或是在地的意象。我覺得除了好理解，也要有好聽的曲調，才能讓人有進一步的動機。

葉雲平：我們請現場的來賓——重要的音樂創作人羅思容來分享一下看法。

羅思容：今天切入很多的主題都是大哉問，夠創作人探索一輩子。我在十幾年中不斷自我提問，似乎最後的核心是建立在跟自己生命的關聯。就像卡西勒說：「人的終極價值是成為文化的創造者。」面對未來，每個人都是傳統，都是傳統的承接者，也是未來的開創者。客家能不能成為一個新的宇宙，個人創作能獲得多少共鳴？面對這個產業鍊的生態環境，作品已經不是很單純的東西，你對自己更了解、澄清，會有更願意放手的膽識。慢慢地自己鍛鍊出來的能力，培養跟自己辯駁的直覺。思考自己的文化之路是什麼，思路是什麼？

葉雲平：你的初心越純粹、越單純，之後可以掌握的想像空間就會越大。謝謝羅思容的補充，也今天參與討論的與談人們。

延伸
閱讀

藍狄唱片（Randy's Records）

美國最大雷鬼樂製作公司「VP 唱片」（VP Records）的前身，由牙買加客家移民第二代雲森．「藍狄」．陳（Vincent "Randy" Chin，陳藍狄）在當地創立，是雷鬼音樂的重要推手。陳藍狄之子、雷鬼音樂製作人陳客禮（Clive Chin）承襲父親對雷鬼音樂的熱愛，數度設立獨立於家族音樂廠牌的新公司，並製作紀錄片《藍狄傳奇》（The Story of Randy's），曾來臺參加2018年財團法人臺北市客家文化基金會主辦的第四屆「當代敘事影展」。

圖為愛客樂icolor 2019年雷鬼作品專輯＜徙Sai＞。

當代客家
戲劇

這三場相關客家與劇場的沙龍，都是在重新啟動當代客家與表演藝術的關係。2018年，是客家運動30周年紀念；在這重要的日子裡，「轉身」並「前行」成為策展這三場沙龍的重要契機。

首先，如何重新看待與對待客家戲曲與現代戲劇，在客家表演藝術的轉型，勢必成為核心與首要的議題。因為，這是傳承與創新最為重要，卻也最為費心的問題，涉及內容與形式的辯證。於是有了「客家戲劇的傳統與當代沙龍」；而後，如何將客家戲劇的在地化與國際化相連結，是一體的兩面，也是客家精神在當代的核心命題。於是有了「客家戲劇與里山精神沙龍」連結美濃客家戲劇與日本大地藝術祭的文化行動。

那麼，客家與壓殺歷史的記憶，如何經由戲劇表現出來呢？如果僅以轉型正義看待1950年代的白色恐怖肅殺，當其取得政治正確的同時，卻也落入以西方人權觀自視為普世價值的盲點，形成一種傾斜的人道觀點。恰恰是這樣的情境，歷史當事人在被「他者化」的情況下，以結構性的觀點，非只未曾終結其政治受難歷史；且在當下，仍被視作政治或思想認同上的異議者；如何重新看待這面向上的美學反思，在劇場與客家的表現，是這場沙龍提問的前提。

召集人　鍾喬

客家劇場的傳統與現代接軌

時　　間：2021 年 10 月 2 日（六）14:00 至 16:00

地　　點：左轉有書（臺北市中正區鎮江街 3-1 號）

召 集 人：

　　　　　鍾　　喬／差事劇團藝術總監

主 持 人：

　　　　　徐 亞 湘／國立臺北藝術大學戲劇系教授

與 談 人：

　　　　　吳 榮 順／國立臺北藝術大學音樂學研究所教授

　　　　　李 榮 豐／哈旗鼓文化藝術團藝術總監

　　　　　林 曉 英／國立臺灣戲曲學院客家戲學系助理教授

　　　　　符 宏 征／動見体劇團藝術總監兼導演

記錄整理：林 宇 軒

攝　　影：汪 正 翔

徐亞湘：榮幸邀請到四位來賓，他們長期關心客家戲劇的活動與創作，對客家戲劇的當代形塑貢獻非常大，有許多對客家劇場的參與經驗和觀察，可以提出來進行對話。

鍾喬：本次參詳沙龍的三場「當代客家戲劇」由我策劃，第一場是傳統與現代接軌；第二場關於與社區結合；第三場是客家的農民與工人運動。

因為寫論文的關係，讀到姚一葦老師寫的劇本時，並不是單純以傳統的形式來開展而已，其中還思考了內容要如何轉換到現代戲劇；而韻文怎麼運用到敘事詩的表達，不只是單純的表演意義，背後還有傳統與現代的連結。

徐亞湘：客家戲所涵蓋的範圍一直在變遷，原是指稱於傳統客家戲曲，20 年來從三腳採茶戲、客家大戲到當代文化場的客家戲曲演出，

鍾喬

身兼詩人、小說家、劇場工作者、社會運動者等多重身分，現任「差事劇團」負責人。1989 年，從亞洲第三世界出發，展開民眾戲劇的文化行動，1996 年組合「差事劇團」，巡演兩岸及亞洲各國，進行民眾戲劇的串聯。

可能性一直在變多。到底什麼是當代和未來的客家戲劇？在什麼樣的基礎上往外擴展，又延伸了哪些新的內涵？

希望未來的客家戲劇就是「藝術」，能「完全破除文化、地域、語言上面的隔閡」。而不是把客家戲當成單純族群共識、情感凝聚的符號。

首先請教吳榮順老師，當公部門在委辦客家藝術創作時，常常會把內容跟客家題材高度對立，讓創作如同「命題式作文」。您認為這是客家意象的強化，還是客家藝術發展的限縮？因為一般會將「題材的指定性」理解為召喚客家族群、凝聚族群感情的目的，但我覺得在進行召喚的同時，是不是也會伴隨著非客家的人「難以靠近客家文化」的結果？

徐亞湘

國立臺北藝術大學戲劇系教授、國家文化藝術基金會董事。著有《日治時期中國戲班在臺灣》、《日治時期臺灣戲曲史論──現代化作用下的劇種與劇場》、《客家劇藝留真：臺灣的廣東宜人園與宜人京班》、《臺灣劇史沉思》、《島嶼歌戲：王金櫻世代》等十餘冊。

協調傳統與現代，凝聚多方的集大成之作

吳榮順：2007年客委會委託北藝大製作的新客家歌舞劇《福春嫁女》，2016年又製作客家音樂歌舞劇《香絲‧相思》──「香絲」在客語中指的是「相思花」，還有2017年第三齣的《天光》。

從前兩齣劇來說，當時法國世界文化館來臺灣，遴選團隊參加國際「想像藝術節」的演出，沒想到選了客家的演出。時任客委會主委的李永得，很支持我們北藝大的團隊。

2007年，李永得主委當年就委託北藝大製作臺灣首部客家歌舞劇《福春嫁女》，並提出兩個條件：一是歌舞劇的語言要有80%以上的客家話，二是希望有一個「客家意象」。《福春嫁女》演出後，製作團隊知道好的劇本、堅強的製作團

吳榮順

法國巴黎第十大學民族音樂學博士，現為國立臺北藝術大學音樂學研究所教授。曾任國立臺北藝術大學學務長、傳統音樂學系主任、音樂學院院長及國立傳統藝術中心主任。曾製作客家歌舞劇《福春嫁女》、《香絲‧相思》，結合現代精神、以現代劇場的製作精神創造客家戲劇新風貌。

隊與跨界演出人才，是成功的核心要件。其中，最難尋覓的是集合客語、歌唱、舞蹈與戲劇為一體的表演藝術人才。因此音樂、舞蹈與戲劇學院，分別開設了客家音樂、歌舞劇合唱、文化與社會、語言與戲劇等課程，為設計與演出人才預備。

2016年，北藝大又承辦了《香絲‧相思》，由當時的客委會主委鍾萬梅提出委託。因為這兩齣戲都是由我擔任藝術總監，所以我把過程中所遭遇到的問題記錄下來，和大家分享，避免在未來重蹈覆轍。製作這齣戲的過程涉及多領域，集結了40幾位不同學院的學生，包含戲劇、舞蹈專長的，還有香港、馬來西亞的僑生參與其中。製作團隊從六堆的客家聚落，包含五溝水、麟洛、高樹、美濃，一路踏察途經東勢、石岡與新社，卓蘭至竹東的客家戀戀台三線，一直到新埔義民廟、峨眉湖，以及臺

2007年10月，國家戲劇院首演，國立臺北藝術大學承辦的《福春嫁女》演出。（照片提供／國立臺北藝術大學）

2016年5-6月，全臺巡演六場，國立臺北藝術大學承辦的《香絲・相思》演出。（照片提供／國立臺北藝術大學）

灣客家山歌比賽超過50年的文化場域——竹東客家山歌公園，一路下來我們製作團隊都是沉浸式、參與式的製作。

《福春嫁女》是一齣客家版莎翁《馴悍記》，但八年後的《香絲‧相思》是「不再懸掛客家意象標籤」的音樂歌舞劇。改編自客家文學家龔萬灶的短篇散文〈桐花〉，故事記述發生在1930到1970年代間，客籍黃姓燒炭工的大弟子李木生，與台三線的客家女詩人劉幼娟之間，發展出一段淒楚動人的音樂歌舞劇。儘管原本以〈桐花〉為題，但《香絲‧相思》不再侷限於桐花、花布、藍衫，而是透過該劇，看到相思樹下精彩的客家人性與情感對話，以及客家人晴耕雨讀古訓下的詩意與質感。

音樂歌舞劇雖然是晚近歐美表演藝術商業化的產物，不可否認的它也是西洋音樂發展史輕歌劇之後的變形。因為北藝大強調「傳統」與「當代」融合，所以會和注重商業性的演出不太一樣，期待能夠製作出「大家都能參與」的藝術展演。

《香絲‧相思》的製作，包括作曲、合唱、舞蹈、管弦樂團、劇本、舞臺、燈光、服裝，甚至於導演與樂團指揮，都朝著「輕歌劇」的思考來製作。邀請李小平擔任導演，給予本劇一個清新脫俗的願景，尤其是青年作曲家顏名秀教授，幾乎用盡了生命來創作讓人百聽不厭的客家新曲，串起了傳統與當代的客家音樂。

《福春嫁女》最大的問題是作曲家錢南章和導演蔣維國之間理念的衝突。作曲家占有很重要的位置，寫出來的曲子能否唱得順口？或是如何安排，讓客家語言整體可以共構結合在一起？《香絲‧相思》的作曲家顏名秀老師以60首傳統客家山歌為基底，從教育部的客語字典裡一個一個字找，串起了傳統和當代的歌舞劇。

客家本來並沒有傳統的舞蹈系統，所以董怡芬老師透過客家人勞動與生活的肢體語言，讓歌者、舞者與群眾演員找到了客家人自然、自在與自我的身體舞蹈。《福春嫁女》和《香絲・相思》已經換成新的歌詞，因為要跟傳統接軌、和現代轉換，同時又希望做出來有質感，當時壓力非常大。我擔任藝術總監，其實就是為各個演出環節，找到適當的人做適當的事。

最後，回到亞湘老師的問題。第一，我認為應該樂觀看待「有誠意的」創作與發展多元型態的當代客家戲劇與戲曲。在參與之前了解客家的文化。如果有非客家人來參與也很歡迎，但請不要帶著自己的文化優勢，或來搶資源的心態。第二，客家歌舞劇的發展潛力無窮，大型的歌舞劇應該延續「輕歌劇」的型態，融入客家的當代意象為核心；商業性的客家歌舞劇，則可依照百老匯音樂劇的型態，和民間劇團進行合作。第三，在相關人才的培育上應該在擁有音樂、舞蹈、戲劇、劇場設計、多媒體統合的學校開設相關課程，有系統的耕耘，才能開花結果。

徐亞湘：感謝吳榮順老師的分享。接下來想請教哈旗鼓文化藝術團的李榮豐團長，是什麼原因讓您成立了這個團？哈旗鼓在近年也製作了舞臺劇《1895火燒庄：最終抉擇》，其中涵蓋了語言、音樂、舞蹈、戲劇，尤其是影像的部分。從這些經驗出發，您對於當代客家戲劇有什麼期待和想像？您希望透過這個團的成立營運來達到什麼目的？

文化內涵不是一個人，而是一群人生命的傳承

李榮豐：我常說自己像是「石頭裡蹦出來的客家人」，既不是學院的研究者，也非業界的人士，此外哈旗鼓也沒有接受委託案，從事藝術創作就只是做自己想做的。尤

其在疫情期間，還是看到有很多客家文化藝術的發展，這也是我希望哈旗鼓文化能夠一直做的事情。

早期常會有人說客家山歌「好可憐」，因為非客家族群聽不懂歌詞，而且幾乎都是5、60歲的人在臺上演唱。在創作《1895火燒庄：最終抉擇》的演出時，我們思考，如果只是表達自己的故鄉被大火焚毀，客家人抗日的悲壯慘烈等等，這樣看起來理所當然的演出方式，跟現在的人有何關聯？他們進場看這段歷史又有何意義呢？所以我們思考如何可以有更好更美的處理手法。

李榮豐
國立臺南大學教育行政學博士，現任哈旗鼓文化藝術團藝術總監。致力於客語薪傳、客家藝術教育、客家藝術創作文化推廣，曾獲全球中華文化薪傳獎。《1895火燒庄：最終抉擇》中擔任製作人及藝術總監。

例如：我們選擇把日本人的立場、客家人的立場，用中性的方式，將各自的主觀人性化來呈現，儘管這樣的安排，可能有很多人無法接受。如何萃取歷史中蘊含的深刻意義，來處理歷史當下的片段，嘗試擺脫既有官方說法和文獻侷限，這就是《1895火燒庄：最終抉擇》的表現方式。

因為沒有學術經驗和固定演員，燈光、音樂的資源也都沒有，連歌詞也都是自己寫。李永得部長當時就說「你怎麼那麼大膽？」我說「你敢說我就敢做」。

2019年6月，國家戲劇院首演，哈旗鼓文化藝術團《1895火燒庄：最終抉擇》演出。（照片提供／哈旗鼓文化藝術團

在沒有經驗的前提之下，從一個單純的想法出來——我想要把客家的部分放進劇場，想用劇場來帶動客家社會的發展。因為一個想要發揚客家文化藝術的想法，所以我投入做這齣戲，比如錢不夠就自己出，哈旗鼓的團員和我自己就住青年旅館，畢竟大家都知道製作一個演出很辛苦，要用最大的誠意來面對。

在文化傳承上，我認為需要更多年輕人來參與，讓客家變成主流，使生活融入客家。因為戲劇中的兩邊各有各的價值，非客家人的觀眾能在其中得到什麼養分？一開始很多的安排和設計，我自己也不清楚。但是，我認為年輕創作團隊的想法很重要，支持他們透過戲劇演出傳達出來。在創作時，當時我覺得應該要把日本人當成人，而不單純是教科書裡面的角色，雖然客家人可能會感到不舒服，但這就是歷史所發生過的事實。

《1895火燒庄：最終抉擇》，觀眾有60%的年輕人，其中有50%進場的並非客家人。我希望客家劇場要走向主流、年輕化。透過創作，讓大家思考更多的內涵，比如為何劇中在決定最終決戰時，眾人會高高舉起紙傘嗎？不管看不看得到其中的意義，這些文化內涵不是一個人，而是一群人生命的傳承。如果你是客家人，你能了解嗎？我認為客家文化必須要先有自己的根基，這樣臺灣就多了一個看世界的方式。後面其實還呈現了關於整個表演的創作觀——如何讓客家人看到存在的主體性？藉由表演，希望可以帶著臺灣去思索「存在」與「再存在」，用這種模式去關心客家、關心臺灣。透過哈旗鼓文化來慢慢地

試、慢慢地往前，沒有特別想要去哪，這也是我未來想要做的事。

徐亞湘：我非常認同和敬佩李團長，爭取青年和非客籍觀眾的用心。大家若都往此方向前進，客家藝術的未來應該會是一片坦途。接下來，請在《1895火燒庄：最終抉擇》擔任導演的符宏征老師分享——這是您第一次來導客家的舞臺劇作品，針對這項課題，說說對於推動客家舞臺劇的創作看法，還有一些經驗分享。

做一個橋梁，貫穿兩個時空

符宏征：30多年前從馬來西亞來臺求學後，就一直留在這。我算是半個客家人，但是到現在還不會說客家話——我是海南人，又是更少的族群。雖在海南也講很多方言，但我比較擅長的還是廣東話，反而海南話、客家話都不會講，但聽到時還是會感到很親切。在排這個戲時，勾起很多回憶的氛圍。李老師很善於溝通，我認為雙向溝通非常重要，把很多阻力都退一步去看怎麼樣解決；而我單純從藝術體驗層面和李老師對話，所以我自己覺得好像都能有效的化解掉壓力。

首先就確定不做載歌載舞的歌舞劇——不是排斥，但會思考「還有什麼格局可以打開」？說不定可以回到擅長的「現代戲劇」思維重新思考。透過「回歸戲劇」，重新看看題材會有什麼樣不同的呈現方式。

一開始編劇王靖惇所寫的劇本，是一個「歷史劇」。透過兩方對立，呈現出六堆孩子的愛情跟矛盾——終於要上戰場了，他們的選擇是什麼？但我讀完後，沉澱了兩、三個禮拜，問自己說：「我有感動嗎？我想做嗎？」我希望這部作品可以讓當今的孩子和那時候的孩子們，有一個參照點可以對話。變成現在看到的古代的場景和當今

的年輕人互相參照。

客家文化、音樂的傳統元素提供了很多素材，也讓我感到心裡比較踏實。李老師花費心力陪伴這個創作，提供了很多語言上和文化上的元素。從舞蹈設計來說，由董怡芬老師負責，當知道客家文化中，沒有嚴格定義的傳統舞蹈，只有找到一些騎木馬、採茶舞之類的片段，但是因為和歷史的脈絡不符合，我就採取了戲劇的思維──年輕人在那個狀況裡，祭祀以後放鬆、音樂出來之後的身體活動。

符宏征

馬來西亞華裔之臺灣中生代劇場導演，於2006年創立「動見体劇團」並任藝術總監。國立臺北藝術大學劇場藝術研究所導演組碩士，現任中國文化大學國劇系專任副教授級專業技術人員與國立臺灣大學戲劇系兼任講師，並曾任「外表坊時驗團」駐團導演。

通常最容易渲染情緒的就是動作齊一的「排舞」，但也最容易造成刻板印象。我希望大家一起撞擊，把原來設計的舞蹈「跳亂」。透過歡樂的氛圍，讓整體像電影《教父》中女兒的婚禮。而歷史和當今的空間同時並置在一起時，也反映了年輕人愛情陷入膠著的處境。在《1895火燒庄：最終抉擇》中，把兩次〈月光光〉使用在不同場景，表達不同情境。這是超越地域、族群的，所以我在後來的片段再重現一次。

前面還是有一些場面調度的脈絡：在六堆他們開完會，把這些人留在場上，隱約中可以看到跟日軍的距離，用〈月光光〉作為一個橋梁，貫穿兩個時空，同時展現出日本人抒懷、苦澀的狀況；而對六堆人來說，可能就是失去某種精神性的寄託後，應該面對的狀況。在劇中，還有以老山歌為基礎的自由即興發揮，他會在整個氛圍當中尋找縫隙，去調整歌聲。從前面的〈月光光〉個人情感需求，到山歌高亢、呼應大環境的蒼涼感，在傳統上就經過了一種轉換——以傳統為基底，在其上做轉化。

徐亞湘：很高興多了一位祖籍海南的導演，來豐富和開創客家戲曲，也請符導繼續創作客家相關的戲劇作品。在展望未來的時候，回望傳統有其必要，最後有請曉英老師。想請教老師，屬於傳統範疇的三腳採茶戲與客家大戲，在當代如何的保存、延續，甚至是發展？

「傳統」並非代表過去式，而是成為「美」的意象

林曉英：今天非常榮幸受邀來這邊和幾位前輩先進及現場大家分享我在研究和創作客家戲曲的心得與思考。近年在表演相關領域時常遇到有淵源的前輩與同好，符導其實是我大學學長，從參與表演創作與製作的角度來說，我算是在座與談人裡面最資淺的，是因緣際會下從學術研究跨到創作實務，我與「客家（戲）」的淵源，大概肇因於大學階段田野踏察跟藝術領域的課程修習，從中發現自己「客家人」的血統。透過「臺灣」或「客家」的視角，不僅重新認識自己，也重新了解臺灣的真貌。

首先我想回應亞湘老師的第一個問題，以《戲夢情緣》為例。在談作品前，先說明「三腳採茶戲」和「客家大戲」的關係，重點並非談歷史發展，但需要釐清關於「臺灣土生土長的戲曲劇種」的說法。畢竟文化「論述」很重要，因為被相對較多的閩

南族群圍繞，可能會忽略了自我省察、認知、言詮的必要性，不小心便跟著他者言論思維，甚至是「人云亦云」。

「採茶戲」是誕生在臺灣本地、長成「大戲」形制的新興劇種。「改良採茶（採茶大戲）」與「三腳採茶戲」都是客裔表藝，但兩者間並沒有「直接繼承」的關係。無論是表演者之師承與專長、演出劇目與其形制、包羅之曲調內涵等。其次，採茶戲的誕生、發展與其歷史進程，剛好可以和閩南的「歌仔戲」兩相參照。

「歌仔戲」是從「錦歌」發展到「老歌仔」——這種簡單的「落地掃」形式。特殊的是，1920、30年代前後，因為「商業劇場」新型

林曉英
國立中央大學中國文學系博士，現任臺灣戲曲學院客家戲學系專任助理教授、文化部文化資產局「傳統表演藝術審議會」委員。曾獲文化部「傳藝金曲獎」最佳劇本獎入圍，《東海奇逢》曾獲客家委員會「108-109年客家傳統戲曲劇本創作徵選」第一名。（照片提供／林曉英）

娛樂場域興起，「歌仔戲」與「採茶戲」這兩個年輕劇種都急速經歷了「改良」的過程，從其他相關文藝汲取養分，脫胎換骨變成今天的「歌仔戲」、「採茶戲」。對當代觀眾或者沒有特別關注特定藝文活動的人來說，即使置身於「共時」的歷史之中，也都還有相當的「距離」。

客家「採茶戲」確實和原鄉「採茶歌謠」有其淵源，一如現在通稱為「九腔十八調」的「山歌」、「採茶」與「小調」類曲調——隨著先民來到臺灣。日治時期的文獻中也可見文字記載，如表演者或歌或舞，有簡單的身段表現，或是互動狀態描寫；但到了「商業劇場」時期，跟著當時「現代化」的風尚，歷經了很精彩的飛騰時期，一路發展成為現在的「客家（採茶）大戲」。但無論是稱為「改良採茶戲」或是「客家大戲」，都跟「三腳採茶戲」或是處於「歌舞」型態的表演截然不同，有必要釐清一下，客家應該要有自己的文化論述的發言權，儘管先人移民來到臺灣——但在此地落地生根後，也已經生出嶄新的文化主體性。

談到要如何延續、保存或是推動後續發展，我用「回應當代」來表述觀點。不僅僅為了從事表演的實踐者，也為當代的年輕觀眾，在不同的場域裡寫戲，讓更廣的大眾看到「客家」。

透過《戲夢情緣》，凸顯取材「傳統」並非代表過去式，而是「古典」的藝術美，除了歷史、文化之外，還有「美」在支撐；藉著劇中「梨園仙子」，強調「藝術美」的價值追求。所以在新題材的開發、選擇上會具有「宣示」作用。「美」，在戲裡成為一種隱喻和象徵。即便是傳統的經典劇目，在當代還是需要轉化、轉譯。如三腳採茶戲，要如何透過「文化資產」的概念去復振？需要經過「劇場化」跟「藝術化」的手段「再出發」，而不是用「樸素」作唯一的訴求，不然反而可能和「當代」產生距離。

現在流行「跨域」，但是也會擔心「核心主體」夠不夠穩固？如果核心價值歪掉了，可能會主客易位，所以需要檢視自身。再者，我認為文學、音樂、表演是核心，但當劇團沒有辦法容納充裕的人才時，有必要另外和劇場和導演兩個專業向度去做更

緊密的對話與合作。

第二個問題，我無法為「榮興客家採茶劇團」代言，但就研究者和創作者的角度，當意識到劇團主事者在地耕耘了 60 年，前場表演則有「老幹接新枝」，有老、中、青三代以及公部門資源的挹注，才能慢慢更為健全。如採茶戲這個「劇種」能夠有兩點加強之處。

從「製作」來看整體，經由會議討論、對話溝通解決了什麼問題？過程中又有什麼議題需要共同思考？以前有「演而優則導」強調菁英通才的說法，可能反映出「專業分工」還不夠細緻的問題。再者，劇本的路線、題材的擇取思考，如何透過想要「說故事」的衝動，讓別人看到什麼是我們想讓別人理解、認識的「客家」。

近年，以榮興劇團為例，有《吳湯興》、《羅芳伯》等客家先賢先烈為題材的作品。也有在地關懷的題材，《潛園風月》、或者《花岡女》；也有以「茶」為主的《膨風美人》。至於跨文化、企圖面向國際的「莎戲曲」，則有《背叛》、《可待》。思索什麼樣的題材可以不只「線性」的講故事？有沒有更深層的東西可以去表達「客家意象」的訴求路線？

以《戲夢情緣》為例，談的就是「價值」的追尋。而《東海奇逢》則是從「移民客家」的既定印象，拉出凸顯「海洋客家」概念的題材，從移民到落地生根，再從此處去面向世界。《戲夢情緣》的構想之一，從聲音去隱喻臺灣客家採茶戲的發展，不只「九腔十八調」，還吸納了傳統戲曲「亂彈戲」。雖然在臺客家人口不多，但透過策略行銷「客家」，展現我們對「美」的鑑賞。

藉由古本戲齣的男女主角，去訴求客家年輕人有「實踐力」，以行動實踐理念，達成文化的自我認同。透過「製作」和劇本選材的自覺，加上和不同專業有更深層的對話與合作，形成訴求與論述。

除了表演「前場」演員的養成、相關專業知能的開發，更需要民間、公部門與學界的合作。以上簡單的分享，謝謝大家。

徐亞湘：我們對客家戲曲的理念相近。經過今天的沙龍，讓我們一起來為臺灣戲曲持續地做一些努力。謝謝今天與會的各位貴賓。

延伸
閱讀

哈旗鼓文化藝術團

哈旗鼓文化藝術團成立於 2004 年 2 月，由李榮豐博士創辦並任藝術總監，李舒蓉現任團長。設籍高雄市，聯合道埜音樂工作室、打狗 e 客志工團，共同打造客家青少年專業團隊，自 2008 年起進行大型音樂舞劇公演，以傳統客家語言、音樂、舞蹈、戲劇、影像等為素材，透過現代多元取向的表演方式體現臺灣客家常民文化之美。2015 年底舉行 6 場《1895 火燒庄》年度售票公演，2018 年演出乙未戰爭客家首部曲《1895 桃澗堡：紅日頭》歷史大河劇，2019 年 6 月於國家戲劇院演出全新製作之劇院版《1895 火燒庄：最終抉擇》，由劇場導演符宏征與李明哲共同執導。（照片提供／哈旗鼓文化藝術團）

客家跨領域藝術計畫——
地景文化與環境劇場的跨界

時　　間：2022 年 1 月 15 日（六）14:30 至 16:30
地　　點：左轉有書（臺北市中正區鎮江街 3-1 號）
召 集 人：
　　　　鍾　　喬／差事劇團藝術總監
與 談 人：
　　　　吳 文 翠／梵體劇場藝術總監
　　　　林 舜 龍／達達創意藝術總監
　　　　彭 雅 玲／歡喜扮戲團藝術總監
　　　　劉 逸 姿／美濃黃蝶祭策展人
　　　　羅 元 鴻／小地藝術日創辦人
記錄整理：葉 儀 萱
攝　　影：汪 正 翔

鍾喬：今天主題是客家環境劇場，首先請達達創意藝術總監林舜龍老師分享。2009年起，林舜龍老師開始大地藝術祭的創作活動。第二位向大家介紹彭雅玲老師，歡喜扮戲團的藝術總監，運用客家元素在龍潭地區做環境劇場，特別與在地客家女性的主題相關。吳文翠老師是臺灣劇場的資深演員，專長為舞踏及負責身體訓練，更討論民間廟會文化如何發展現代戲劇。羅元鴻自參與大地藝術祭以後，在美濃舉辦「小地藝術日」，並於自家的田做有機耕作，等一下請他介紹美濃在地的實踐。最後邀請劉逸姿，她在參加《回到里山》這個計畫前沒有演出的經驗，但是為了表演做了很久的訓練，她也撰寫跟里山、大地藝術祭相關的碩士論文。

跟蜘蛛精一起共浴，與在地居民互動的藝術節

林舜龍：今天我以國際藝術節的角度看臺灣劇團跟大地的結合，首先介紹大地藝術祭，它的主視覺看不到藝術家、看不到藝術品，它的精神內涵就是居民跟土地。大地藝術祭的地點在新潟縣，非常偏遠。北川富朗策展人在2000年就開始籌備，花了五、六年的時間，為了說服大眾透過藝術來振興農業，把被遺忘、被廢棄、被淘汰的事情重新再生，舉辦大概2,000場講座。

我和鍾喬老師最早是2012年開始一

林舜龍

達達創意藝術總監。以藝術家身分活躍於法國、臺灣、日本等地，公共藝術如大安森林公園捷運站《春光乍現》、臺中大都會歌劇院《聆聽》、衛武營文化藝術中心《平行語境》外，更可在日本瀨戶內國際藝術祭見《跨越國境・海》、《跨越國境・潮》等作品。

起去做大地藝術祭，那時候沒有經費，機票是我義賣我的作品換來的，因為開始跟穴山村當地的居民有連結，也不希望斷掉。我想，透過劇場——一個活的藝術活動去做連結是很棒的，不是所謂的地景藝術。地景藝術基本上只是空間關係而已，不容易把時間納入進來，而劇場把時間跟儀式都納入了。我們和當地的居民、日本媽媽們一起完成大型的藝術品，裡面很多故事，包括縫製布偶的材料，是社區媽媽們的阿嬤的阿嬤留下的和服，他們願意提供這些東西，把它們放在藝術祭。請當地的居民一起進來參與，就會產生了新的意義。我們將當地製作的道具，融入臺灣的農村儀式，再轉化成比較藝術的形式，包括大型的神祇，同時演出前也參拜當地神社。

2009 年，林舜龍作品《跨越國境·山》部分——村民像。（照片提供／達達創意）

2009 年，林舜龍作品《跨越國境·山》部分——蜘蛛精。（照片提供／達達創意）

劇團遶境時，當地居民拿著他們自己的太鼓來一起參與，可以感覺到田野間非常奇妙的光景。我們要到四個部落遶境，中間其實有點距離，加上是山路，沒辦法一直走，所以有一部分是用小卡車進行。有一位是當地的村長，已經80幾歲，上次我去的時候他說：「林桑，下次你來我不曉得還會不會在？」聽起來蠻感傷的，不過他每一屆都會出來幫忙。

我2009年的那一件作品，上面畫了很多村民的像，我把他放在一個最重要的位置，跟蜘蛛精一起共浴，他很高興，每三年都會來幫忙，開卡車、開怪手，是蠻好玩的緣分。而當地每年都有辦津南祭典，但穴山村的居民從來沒有參與過，第33屆時因為差事劇團，跟著村民一起到津南町踩街，他們都非常熱烈地參與，最後竟然得到冠軍。2015年，我提出跨國境村的想法。那一年就開始找美濃愛鄉協進會一起加入，與劇團一起做劇場表演、遶境，才會產出更核心的一種靈魂。

鍾喬：2015年大地藝術祭之前，林老師有一個作品，是一個很大的「種子船」，原型為蘭嶼植物「棋盤腳」，蘭嶼的原住民對它有很多的禁忌、神話及傳說，這個棋盤腳是林老師地景藝術的重點，大家以後有機會可以多做了解，真的很值得。再來有請彭雅玲，請她分享在龍潭跟其他地方做環境劇場的經驗，也許可以跟我們大地藝術祭、地景藝術做連結。

突破在地居民的心防

彭雅玲：2019年，因為浪漫台三線計畫，這三年來我們歡喜扮戲團駐紮在桃園龍潭三坑。我們有一個造橋計畫，遠從阿根廷、哥倫比亞、厄瓜多跟法國來的藝術家，要連結在地的歌謠班、舞蹈班來共同演出。這個演出是民眾參與式的展演，三坑的

田園就是舞臺，我們的導演是「瑪大蓮娜計畫」拉丁美洲的主持人，從阿根廷來的 Ana Woof，稍後我會介紹這個計畫。

我希望當地成立已經有 20 多年的歌謠班，應該可以唱個兩首客家山歌。結果第一次接觸的當天晚上，里長就打電話給我，叫我再也不要去了，他們非常抗拒唱客家歌。我也不敢多說，從此以後，我就去他們的村莊幫忙割菜、賣菜、團購等等，每個禮拜都去陪他們練客家的山歌。終於要在三坑的永福宮演

彭雅玲

歡喜扮戲團藝術總監、導演。赴歐美各大國際藝術節展演、工作坊、論壇等，近年在全臺各地舉辦數百場客家國際交流，更在許多客家庄的老屋及田園間展演。在桃園龍潭客庄三坑駐點製作環境儀式劇場。作品有《臺灣告白系列》、《我們在這裡》、《貓仔走醒》、《客家女聲》等。

出時，是他們 20 幾年來的歌謠班第一次唱客家歌。期間，里長徐美惠幫我介紹很多藝術家來共同合作。其實三坑可以真正幫我們做事、整理場地的人很少，但是不管做得好不好，我們的原則就是要讓三坑的人來參與，結合當地居民一起整理一個空間。我常常到徐美惠里長那討論三坑有哪些特色、我可以做什麼？里長最驕傲的就是三坑的菜園、稻米、筊白筍都是無毒的，我們就從這個方向開始。

接著我們製作道具、服裝跟場布。因為前面提到無毒農業，我們做了一個想像，讓白鷺鷥成為這一齣戲的主角，叫做《白鷺鷥之歌》。我們也邀請詩人寫下三坑的特色：筊白筍、水稻田、稻草節、菜園、三坑老街，及永福宮。場地布置裡面，有許多前幾個月村民們一起來共同製作的照片紀錄，也有我們訪談當地居民的生命故

2000年，歡喜扮戲團《臺灣告白：我們在這裡》演出。（照片提供／彭雅玲）

事，其中說得最多的都是他們的菜園、菜包。三坑婦女的菜園哲學，以菜園勞動當
作療癒，享用自己栽種的無毒蔬菜當作健康食品。這裡最高的才能是種出一顆重達
半斤的絲瓜，最美好的讚譽叫做「阿叛姊」，這裡有最古老而神秘的植物學家；紅番
薯葉煲湯補血；六神丸花是祖傳的消炎秘方；一口坤塘養鴨養魚是家常、以物易物
是日常。這裡的問候語是：「我剛從菜園摘的，很多，你拿一些回家去吧。」

他們的生活，我們都錄音起來，變成我們演出的背景音樂。我們第一次的演出人員
很少，就像第一次我們去三坑歌謠班的情形，他們把我所有的椅子都丟掉，所有的
人都不看好我們的演出，非常抗拒。這樣子怎麼辦呢？我號召網路村民，拜託他們

來三坑買菜，跟我們一起上課。後來聚集很多人一起演出，我們發節目單，朗誦客家詩，在田裡面遊行，把表演分成春、夏、秋、冬四段，每一段都有屬於那個季節的儀式。因為網路村民帶動了攤商經濟，後來旁邊的攤商都協助我指揮觀眾帶動唱，幫忙拉觀眾一起唱啊跳啊。我在三坑前後三年，最後一場我們遊行回來的路上，好多的攤商在後面追著我們，一直說謝謝，直說他們這一年來生意變得很好，整個三坑的磁場都不一樣了！最神奇的是，現在我再去歌謠班，老師都故意大聲地問學員：「今天要唱什麼歌？」所有學員都說：「客家山歌！」當初他們不願意參與就是怕唱客家山歌，現在他們最愛唱客家山歌了。

鍾喬：這就是戲劇和庶民連結一個很大的力量，這在臺灣其實是很可貴的劇場經驗。因為劇場不只在國家劇院，不只在殿堂裡面表演。特別是我們客家，非常多的農村記憶，非常多和土地連結的關係，接下來請吳文翠老師分享，儀式的劇場怎麼運用在身體和空間。

從身體出發——環境劇場的儀式能量

吳文翠：我覺得所謂的環境劇場，不只是個觀賞的劇場，而是一個體驗的劇場。在這裡面我們一定是從身體出發。每次開始前，我們都會在戶外劇場做落沉的儀式，讓心暖起來、讓意念沉靜下來。我們不只是去日本穴山村演出，我們是把我們的心、我們的根、我們的儀式從臺灣美濃拉到穴山村。所以我們呼喚的是我們家鄉的身體和土地的記憶。我們在演出開始之前的儀式，其中一件是跟樹說話。而照片中的羅元鴻不只在心裡面與樹對話，更透過這樣的儀式，跟他的父親對話、和解。

2015年去日本大地藝術祭演出，開場時我們讓祭司（由吳文翠飾演）在傳統的矢放

神社舉行行動儀式，傳遞聲音，讓神社前的階梯成為神和人間的橋梁。我們以動態進行演出，當我們離開這個空間，裡面仍只剩下地景。可是我們演完後，這個空間也不一樣了，因為我們為這個空間帶來了臺灣的能量，我們也帶走了這裡的能量，透過演出，彼此的能量交換了；而觀眾雖然是在自己熟悉的場地，可是當他們看到一個臺灣劇場在這裡表演後，這個地方也跟他們以前所認識的不一樣了。那時我們也曾在一個熱得要死、廢棄的游泳池裡演出，演完後我們帶著所

吳文翠

梵體劇場藝術總監。創立極體劇團，2005 年改團名為梵體劇場，擔任藝術總監。曾獲亞洲文化協會多次獎助，赴紐約、日本、丹麥等地交流演出、擔任駐團藝術家。作品有《花非花‧南海版》、《我歌我城‧河布茶》、《在不斷剝除的路上》、《蛇，我寂寞》等。

有觀眾，向著泳池旁邊的大山說謝謝。對於觀眾來說，他如何在這個劇場裡用他的身體，實質去體驗所謂的戶外劇場？身體產生的儀式，對《回到里山》來說，是個很重要的精神，所以我們的觀眾絕對不是一直站在那裡看我們的演出而已。

矢放神社演出結束後，里長非常虔誠地找到我們三個在劇中飾演神性角色（祭司、伯公、水鄉）的演員，帶我們到神社旁邊，有一個噴泉與石頭，他很認真地說：「因為某些原因，我們即將把這個噴泉的石頭移開，希望你們可以為這件事情進行祝福的儀式。」我們搞清楚之後，也認真地以劇中狀態唸唸有詞，做了一些儀式動作；當下我覺得確實有當地的神靈，藉由我們幾個神性的角色，做了祈福的儀式。真的是非常特別的經驗，我演出這麼多年以來，第一次從神性的角色，在真正的生活中，

2015年8月1日，吳文翠在日本大地藝術祭（穴山村）進行儀式。（照片提供／差事劇團）

暫時成為一個代替神來祝福村民的祭司。所有所謂的儀式都是身體的一個行動，我們只要在自己的土地上進行這個行動，這個儀式就會產生，同時繼續繁衍下去。如果這個儀式又有機會成為一個劇場，去分享給其他人，那它就會產生更複合性的效果。所謂的戶外、地景，跨界的交流，我覺得在當今的後疫情時代，會有更多的可能性，經過兩年多的疫情，我們所有人一起在某個地方做一個行動，然後讓那個行動成為一個儀式，這樣的儀式行動是非常重要的。謝謝大家。

鍾喬：謝謝文翠的分享，環境劇場它不是觀賞，是一種體驗，其實未來的戲劇，如果都有儀式這樣的啟示性，對於後疫情時代會是一種很重要的想像。接下來請元鴻和我們談談，從大地回到里山，到現在自己做小地藝術日的一些經驗，謝謝。

不斷循環、不斷創作，長出自己的里山精神

羅元鴻：和林舜龍老師、鍾喬老師一起去日本越後妻有大地藝術祭回來後，那次經驗給我的衝擊、養分都很大，因為我本身是一個實際的參與者、演出者，當我回到美濃也想辦一個美濃的藝術祭，但我沒辦法辦那種規模的大地藝術祭，所以就先從擺出我自己的藝術創作開始，所以「小地」藝術其實是這麼來的。我沒有申請政府部門的經費，要怎麼做？回到最原始的方式，就像以前一樣，不管婚喪喜慶、還是辦什麼事，大家會來「添手」，喚起那種古早互相協力的方式。過去幾年，我沒有待在美濃自己原生家庭的地方，回來以後發現我的過去，包括我的父母在美濃吃的、用的，那些細小的事對我的影響，所以也開始思考，我可以為這個環境、為這個土地做什麼事情？我在日本看到，原來我可以透過保護這個地方，透過藝術的方式傳播出去，讓大家看到。

每年在美濃的不同小學，我們會辦一個「小孩趣市集」，是小地藝術日的前哨活動，這就是用另外一種方式，用藝術和美學去改變社區，同時也是從在地居民發起的一個行動，這樣實踐的方式會更長久。大部分社區營造，可能會請一個藝術家來這個地方做什麼事情，可是他走了之後留下什麼？對後面產生什麼影響？我可以肯定地說，《回到里山》在美濃引起了很大的迴響，而且一直生生不息的在廣林里傳遞。因為沒辦法和家鄉的老人家說

羅元鴻

小地藝術日創辦人。創辦「果然紅工作室」，舉辦連結家山生活的綠食教育課程、在地文化生態導覽與藝文展演，以「小孩趣市集」、「小地藝術日」等為重點活動，讓來訪的人們更深入認識在地的客庄文化特色。

明藝術行動與友善環境怎麼結合，我就先把我家當作一個基地、一個範本擴散出去給大家看。每年都做當然辛苦，但像鍾喬老師、美濃愛鄉協進會、社區的夥伴都願意一起來幫忙。我一直覺得，因為過去反水庫運動的關係，美濃有太多環境議題的衝撞，小地藝術日算是一個比較軟、比較調和的方式，我們用另外一種方式去講相同的事情。今天來和大家分享，也是想告訴大家，其實美濃有一群青年，持續做這件事情已經1、20年了，他們會不斷長出新的枝椏、不斷循環、不斷在這樣的環境裡去創作，新的養分會長出新的東西，最後，就長出了自己所謂的里山精神，藝術祭。

鍾喬： 元鴻剛剛所講的體驗，對我而言有特別的回想，大約在90年代初期，前行者是鍾秀梅、鍾永豐他們，整個臺灣社會80年代轉型到90年代的變遷之下，他們就回到家鄉，開始展開反水庫運動，成為臺灣環境保護運動的一個里程碑。有人在30

2020年，高雄市美濃區，小地藝術日現場。（照片提供／羅元鴻）

幾年前回到家鄉，把他們在家鄉的能量帶到外面去，然後也有像羅元鴻和蔡佳蓉，一起又把他們離鄉的精神帶回到自己的家鄉，這樣的一個循環、人和土地的相互關聯，除了愛護之外，也有另一種很深的期待。小地藝術日沒錢怎麼辦？以前在客家社會以交工方式，互相幫忙，所以我們也運用了臺灣農村土地、客家先民的智慧。最後我們請逸姿和大家分享一下美濃黃蝶祭可貴的經驗。

人與他人、人與自然、人與自身

劉逸姿：我在美濃愛鄉協進會主要的工作是負責黃蝶祭，它是 1995年從美濃反水庫運動中誕生出來的一個文化行動。一場社會運動，一定會有一條路線是在街頭抗議、衝撞的，但是也會有一條路線是更軟性、更藝術、更文化的。1994年時，反水庫運動團隊的兩位主要幹部（宋廷棟、劉孝伸）就提議，邀請大家走入美濃黃蝶翠谷的現場，讓大家認識生態環境，因此決定在

劉逸姿

美濃黃蝶祭策展人。嘗試以藝術為方法打開各種可能的社區工作者。2014年開始主要策劃美濃黃蝶祭，國立高雄師範大學跨領域藝術研究所碩士，長期耕耘農村藝文，期望農村裡長出文化行動。

黃蝶翠谷舉辦一個文化性的活動。第一屆美濃黃蝶祭照片裡面的旗幟，是用一大片的藍染做的布旗。黃蝶祭一開始其實很簡單，主要是客家人的敬伯公儀式，在雙溪見證下進行祭典，所以主祭團的成員就穿著傳統的長袍馬褂，現場也有請八音團來演出，是從傳統中改變出的一種儀式。

2015年8月，高雄衛武營，差事劇團《回到里山》演出。（照片提供／差事劇團）

後來，藝術文化界的朋友都來美濃幫忙。1998年差事劇團來到美濃，透過環境劇場，把《水鄉的傳說》帶來，所以其實2015年的《回到里山》劇場，是從那個故事來的。內容基礎一樣，只是2015年有不一樣的成員參與，所以我們有改編故事。2015年一月時，鍾喬先生來美濃，我就帶老師去認識元鴻和佳蓉、一些地方夥伴，還有去黃蝶翠谷、鍾理和紀念館，邀請大家加入劇場的行動。接下來二月開始，就有工作坊跟排練。五月時有個新聞，南部的立法委員黃昭順在議會質詢時，提出是不是要重啟美濃水庫的案子。所以美濃愛鄉也和在地社區、反對大湖興建的團隊一起辦了記者會，在記者會上演行動劇，後來也有去立法院抗議。七月時就去日本演出，也做了很多參訪，看看不一樣的地區是如何操作的。回到臺灣，去埔里舉辦工

作坊，去衛武營做演出。九月準備里山地景藝術研討會，黃蝶祭的團隊也討論著如何轉型，十月就邀請大地藝術祭的策展人北川富朗先生參加研討會。十一月結案時期也辦了很多讀書會。

整年里山的行動，對照日本的經驗，我們可以好好來思考，要如何走過下一個十年的路？所以2015年後，我們將黃蝶祭轉型成雙年展的形式。一整年中，我們真的看了很多書、做了很多事、也做了很多作品。日本因為有政府、民間企業、民間團體，三方一起合作，才做出大地藝術祭這樣的規模，取得成功。我們臺灣的環境可能不能這樣，假使我們政府加入計畫，它可能會變成一個標案，但是臺灣的標案文化裡面有很多問題，沒辦法具有延續性，也會有很多行政的程序跟檢查等等。黃蝶祭如果要繼續下去，最根本的在地社區連結關係，到底要怎麼經營？另外，黃蝶祭從1995年到現在，有座談、論壇、研討會，討論環境和水資源的議題；也帶大家爬山、去水庫走走、健行，很多體育性的活動；也邀請藝術家來做行為藝術、視覺藝術、表演藝術，甚至有小旅行、影展、音樂會等。其實多樣形式的藝術活動，在黃蝶祭都辦過了，我們回過頭來反問自己，黃蝶祭是否還保有初衷？就像林老師聊天時講的：「臺灣有太多藝術節，但是到底有什麼不同呢？重要的還是要回到社區，回到人與土地的連結關係。」

黃蝶祭變成雙年展後，形式上有小黃蝶跟大黃蝶。在小黃蝶，我們主要做人才培訓，社區裡無論是一般的年輕人或藝術家，透過舉辦營隊或座談會，帶他們一起思考議題走向。我覺得這幾年黃蝶祭越來越走出自己的路線，與一般藝術節相比，我們不一定要有作品，這其實是以議題為導向的藝術節，我們花很多時間討論今年的黃蝶祭要提出怎樣的主題訴求，提出怎樣的環境議題。我們沒有限制藝術家一定要做兩年的東西出來，作品不是我們最堅持、最重要的。我們希望的是，藝術家能用

兩年來思考、提出新的問題。其實藝術對黃蝶祭來說是一種方法，而非目的。去年剛好遇到疫情，有很多活動延期或是取消，所以去年黃蝶祭提出一個關係修復的主題，人與他人、人與自然、人與自身的關係，在疫情中也許是很不安、很混沌的，所以我們就想透過一些線上活動，討論這些關係要怎麼修復。

與政府之間的合作，永續經營的願景

鍾喬：現場有觀眾提問：「我想回應逸姿剛剛提出的，在臺灣舉辦大地藝術祭，如果政府要加入的話就會變成標案，那標案又有很多限制，但也還是能看到政府提出藝術祭作為地方創生，或是解決問題、行銷的一種方式。請教林舜龍老師，因為老師在日本念過書，也參與過很多兩邊的藝術祭，假使臺灣要像大地藝術祭變成一種永續的方式，可以靠各種方式自己運轉，有哪些方面可以思考？尤其是政府部門可以做哪些修正？謝謝。」

林舜龍：剛才我們提到，當這件事情變成一個標案，勢必會進入公部門的採購法系統裡，我覺得應該是大地藝術祭跟美濃小地藝術日各自的對照關係。其實我還蠻羨慕元鴻的，你們有家鄉可以返回，像我是福佬人，我以前住在農村，臺中的崁仔頂，不過我的老家被都更了，全部沒有家了，所以我們要重新建構一個家，我就變成第一代了。所以某部分來講是羨慕的，但起頭容易延續難，日本的系統跟他的國民性有關係，整個日本就是一個大的架構，他們在啟動的時候有共識，是組織嚴密的狀態。臺灣某部分來講比較鬆散，勢必要靠地方有心人回去觸動這些事情，那它也是必須要深耕的。

回到臺灣的狀況，我們要找一個臺灣的模式出來，雖然我不是客家人，但我跟客家

很有緣，可能是被鍾老師拖著趴趴走的關係。客家讓我最能感覺到，你們在保存土地、文化、語言的努力。我們對客家印象就是刻苦耐勞、晴耕雨讀，這些是很基本的，另一個就是你們很深情，因為深情所以用心，事情就會到位，我覺得這也是我可以好好學習的。所以在臺灣的大地，有比較深連結的就是浪漫台三線或是幸福台九線、靚靚六堆，它是一個有遠見跟理想的客委會在主導，假設這樣是可行的，那我們有很多很好的藝術家、或是地方的社團推動，就有可能像大地藝術祭的能量，以不同形式產生出來。

延伸閱讀

越後妻有大地藝術祭

由藝術總監北川富朗策劃，從 2000 年每三年舉辦一次，位於越後妻有（由日本古地名「越後國、妻有庄」而來，現今指的是新潟縣南部十日町、川西、中里、松代、松之山、津南等六大區域）里山地區，是世界最大型的國際戶外藝術祭。以「人類就在自然中」為理念，透過藝術探討人與自然的關係，並結合在地文化，振興當地農村。作品設施散落 760 平方公里的腹地，並賦予空屋、廢校新生命。除了藝術設施，還有自然景觀及多項活動，為地方帶來新面貌。（照片提供／差事劇團）

劇場中的歷史記憶——
以白色恐怖為例

時　　間：2022 年 5 月 7 日（六）14:00 至 16:00
地　　點：左轉有書（臺北市中正區鎮江街 3-1 號）
召 集 人：
　　　　　鍾　　喬／差事劇團藝術總監
與 談 人：
　　　　　李 哲 宇／差事劇團團長、玄奘大學影劇藝術學系專案助理教授
　　　　　汪 俊 彥／國立臺灣大學華語教學碩士學位學程助理教授
　　　　　林 乃 文／編劇、劇評人、戲劇顧問
　　　　　徐 亞 湘／國立臺北藝術大學戲劇系教授
　　　　　許 仁 豪／國立中山大學劇場藝術學系副教授
記錄整理：江 怡 瑄
攝　　影：汪 正 翔

鍾喬：今天來討論現代客家戲劇，白色恐怖的歷史，以及時下很關心的轉型正義。轉型正義是針對人權來討論的，但人權的問題是無法完整解說白色恐怖時期的社會主義、地下黨派的思想主張的。那麼，差事劇團所製作的戲劇，就很關心這樣的主題，轉而用戲劇的方式，來表現白色恐怖的歷史。1988年時，就是客家運動開始的時間，當時我在《人間雜誌》做編輯，有一個月分製作臺灣客家的專輯，我們到桃園去採訪當事人，他們全家共有18人被槍殺或者坐牢，採訪的過程中就知道他的哥哥跟姪子被槍斃了，整個山頭有18到20人被軍警用草繩綁著到車站去的經驗。那時有很多地下黨員，跑到桃竹苗的客家庄，很重要的原因是，客家有很多的佃農，佃農們不識字，於是地下黨員們就幫他們寫狀紙去告地主，所以說客家人在50年代，與白色恐怖有許多的連結。

用這個人權的觀念來講白色恐怖，無法完全做一個解釋，要去考慮冷戰、內戰的問題，才可能看清楚白色恐怖發生的原因。3、40年來，一直在說轉型正義，對受難者家屬來說，越來越有得到「補償」，但是有沒有賠償就是一個問題。補償是錢的事，賠償則是對社會主義者的認同，這是一個很核心的問題。

剛剛是就我的經驗來引言，今天我邀請了五位戲劇領域的專家，一起來討論：第一位是國立臺北藝術大學戲劇系教授徐亞湘，接下來是差事劇團團長李哲宇，以及編劇林乃文，也是很有名的劇評人，對早期的臺灣戲劇很有研究。再來是劇評人許仁豪，同時也是國立中山大學戲劇系副教授，最後是汪俊彥，他也是很有名的劇評人。等一下請徐老師講之前，有準備十分鐘的《戲中壁》戲劇片段，這部戲演了兩次（《戲中壁》、《戲中壁X》），先來跟大家分享各五分鐘的短片。

放下批判和反省的《天光》

徐亞湘：我今天主要和各位分享三、四年前客委會委託臺北藝術大學製作的客家歌舞劇《天光》。這齣戲原本是命題式作文，但我覺得他們給的「指示」並不多，只說希望以南部客家為創作主體，其他的則交給演出團隊發揮。這部《天光》以人和情感出發，描繪戰後世代的壓殺記憶，巧妙地融合戲劇、文學、舞蹈、歌謠等藝術元素，不僅重點帶出白色恐怖對當事人及其家屬後代的肉體摧殘及心理陰影，更傳遞出一種「和解」的終極關懷。我認為這齣戲成功之處在於把

徐亞湘

國立臺北藝術大學戲劇系教授、國家文化藝術基金會董事。著有《日治時期中國戲班在臺灣》、《日治時期臺灣戲曲史論──現代化作用下的劇種與劇場》、《客家劇藝留真：臺灣的廣東宜人園與宜人京班》、《臺灣劇史沉思》、《島嶼歌戲：王金櫻世代》等十餘冊。

美濃反水庫運動之「實」當成一個引子，透過它引出虛構的美濃鍾家擺脫不掉或因而噤聲的二二八受難陰影。鍾秀江這個角色是劇作家創造的，其實虛有時更為真，且更具有普遍性，我們試想，若是真的劇寫一個真實的歷史人物，觀眾常常會在歷史真偽上掉入無謂爭辯的陷阱裡，所以，藝術的巧妙虛實處理是更能集中在作品藝術性和美學性上發揮的。整齣戲主要從春妹的角度出發，祖孫和解的光明結尾雖然有些刻意，但它卻是感人的。我認為，終身活在悔恨、自責和噤聲中的春妹，是政治受難家屬心靈的囚禁者，這齣戲描繪的其實不只是受難者個人的悲劇，它更具有家屬與時代的集體性特質。白色恐怖導致一個多重缺席者，編劇採取旁敲側擊的

迂迴筆法而不直面悲劇人物，我認為這是一齣避開政治吶喊、藝術性很高的作品，它同時呈現出時代的現實性與荒謬性。《天光》這齣戲起了某種的示範作用，也就是巧妙交融化用音樂、舞蹈、戲劇、客家元素等藝術手法來處理白色恐怖題材是可行的，是可以藉此淡化意識形態讓劇中人說話，而非處處都是劇作家口吻政治吶喊的，好的藝術作品足以讓觀眾對此進行洗滌與沉思。最後，我樂見白恐題材在劇場被處理詮釋，但我希望這些作品都能把恆久性的藝術追求放在首位，透過藝術去處理那段歷史的當代意義。

鍾喬：以戲劇表演白色恐怖的歷史，要用虛構手法，要有現代性，歷史要與當下有關聯。重要的是要如何讓事實與虛構互相連結。接下來請李哲宇來分享他的想法。

與當代對話，連結過去，指向未來

李哲宇：我主要以差事劇團的《戲中壁》作為討論的起始點，圍繞在劇場跟歷史意識的議題。我想從一個例子來說明，《戲中壁》裡頭的簡國賢過世後，曾拿著一把紅傘去找他太太。排練時，導演曾思考究竟要拿紅傘還是黑傘。選擇傘的顏色不只是視覺感受的考量，依劇中簡國賢與宋非我的思想陳述，拿紅傘或黑傘具備不同的象徵意義，可能有無政府主義或社會主義的定位。就我個人而言，這個黑或紅的選擇，就涉及歷史課題。第一，這樣的歷史課題涉及時間概念。在歐洲思潮的影響下，我們的時間意識是線性、往前推進的。這樣的時間意識連帶影響我們如何看待過去、現在與未來。於是乎，我們為了確認當代社會的合理性，例如轉型正義的課題，就會透過歷史來證明。有了這樣的認知，亦即依據當下來對過去詮釋，也就會知道如何去朝向未來。例如，肯定當代社會的發展方向，或改造當代社會。其次，這種從歐洲傳到亞洲的時間觀，同時伴隨的是這樣的歷史觀念——我們在談論歷史

時，往往要以國家為主體，並認為只有國家才有歷史。這種敘事就牽涉到國家的民族主義該如何建構，公民的權利義務該如何打造的課題。如果有不相容這種敘事的歷史，例如，那種會破壞國家敘事完整性的民眾史，很可能就被移除或邊緣化。所以，「底層研究」才會強調怎麼從國家手上解救出歷史。所以說，《戲中壁》裡的黑、紅傘選擇，不只是視覺美感的問題，其中涉及的歷史課題，諸如簡國賢等人追尋的無政府主義或社會主義，

李哲宇

現任差事劇團團長、玄奘大學影劇藝術學系專案助理教授。國立清華大學社會學研究所博士。喜好在勞動現場，摸索問題意識。近年關注民眾戲劇、參與式藝術、公民、政治社會等研究課題。

就供予我們思考過去這些思潮，究竟是如何被置於當代的轉型正義。他們是向後者提出歧義或合理化，抑或在國家本位的歷史詮釋下被排除在外？

鍾喬： 他和我一起在差事劇團製作戲劇，大約是15到20年前，他是社會學博士，有社會學、歷史、戲劇連結起來的觀念，他剛剛說的就是我們如何來反省這些，這是在做歷史戲劇的過程必須要謹慎思考的。再來請中山大學的許仁豪談談。

漸漸浮現的回憶，用作品來對話

許仁豪： 2014年以來，民進黨再次執政，這麼多與白色恐怖相關的歷史戲劇如雨後春筍出現，對於我們的當代生活有什麼樣的意義？就像哲宇說的，線性思維在臺灣

社會的民主化進程中，是怎麼冒出來的，我們是在為誰服務？這又是誰的轉型正義？白色恐怖記憶是如何展開的？這些被壓殺的記憶如何浮出地表？其實都是從民間開始的，起初是「臺灣民眾文化工作室」，以《人間雜誌》系統為主幹，編入各文化藝術創作領域。如：藍博洲、韓嘉玲、鍾喬、林寶元等人，都在這樣的團隊中，開始去挖掘這些歷史記憶。

許仁豪

國立中山大學劇場藝術學系副教授、人文研究中心主任。美國康乃爾大學劇場藝術博士，上海戲劇學院博士後研究。學術論文發表於兩岸及國際期刊與專書，在表演藝術評論台寫劇評。學術專長為現當代華語文戲劇、性別及文化理論、戲劇與社會、西方戲劇等。

1990 年代，亞洲民眾文化協會請來日本「黑帳篷」幹部，與臺灣民眾文化工作室進行交流，這次的交流也促成「菲律賓教育劇場」到臺北舉行「基礎整合型戲劇工作坊」，為臺灣的民眾劇場、民眾文化運動的結合埋下了珍貴的種子。

所以說這段被壓殺的歷史起初，是走民眾劇場的路線。從 90 年代到 2014 年，突然冒出這麼多受到政府資助的相關戲劇，從民間到官方，這個落差是很值得討論的點。這些作品的方法有所差異，比如通俗化、景觀化的，或沉浸式暴力體驗，不傳遞某種意識型態是很難的。我們今天來談鍾喬老師的兩部作品《戲中壁》、《戲中壁 X》，打開了一些後設戲劇可以對話的空間，那麼我想問的是，這到底是客家的傳統，還是 80、90 年代以來的民間戲劇傳統？最後想分享的是，我今年在高雄做的讀劇演出，是鍾理和跟鍾鐵民父子的研討會。

鍾理和是一個活在大時代下的人，他接受各種思潮，他如何安身立命？我選了幾個片段，想還原歷史的複雜性，也想呈現出他在這些壓榨下如何淬煉出精神生命。有一段是他在二二八的時代，患了肺病，特點是把本省與外省人的聲音並置在一起，也呈現出他如何從時代中抽離出來，保持客觀性，純粹地身為一個藝術家，只是寫作。

鍾喬：感謝許仁豪拋出的問題，我記得我做《戲中壁》之後，汪俊彥提到說，歷史不只是時間的問題，而是如何將過去連結到未來，在歷史時間裡頭有意識，你要處理藝術性問題，也不要用意識型態讓戲劇僵化，去做政治宣傳、吶喊。美學與意識要如何辯證，這值得思考。我們在討論白色恐怖戲劇，帶著某種意識，才會有意思，只是表演或意識型態都無意義。接下來請討論日治時期歷史的著名劇評人林乃文來說說她的看法。

用虛構題材陳述歷史

林乃文：鍾喬老師之前在題綱中提到：「歷史當事人在被『他者化』的情況下，以結構性的觀點，非只未曾終結其政治受難歷史；且在當下，仍被視作政治或思想認同上的異議者。」我對這段話裡的「他者化」特別感興趣，所謂他者化的意義，是指某一群人在歷史化的過程中被他者化？還是指歷史上被壓殺的他者？我從《他者的歷史》這本書讀到很有意思的回應觀點，關於什麼才是「我們」的歷史。由於歐洲民族組成複雜，因此學者們對歐洲是否有某種標準化、均一化的「歐洲史」也有很大的爭議。這種情況也可以對映到 2020 年演出的《戲中壁》，當三個主角很自然以客語、閩南語、國語，三種語言互相交談時，豈不意味著關於島嶼的歷史，取出任何一個切片其中都不可能存在單一語言、單一聲道？如果歷史的現實如此，那麼從

劇場、文學、藝術反映的歷史又如何？它們是否應該提出比歷史現實更明晰而簡潔的觀點，或者相反？但已經很複雜的事要更複雜的意義又是什麼，這是另一個問題。

我想首先回應哲宇的問題是，線性歷史觀其實是歐洲19世紀，特別是中產階級崛起後，才被確立出來的歷史觀點，因此與其說它是「歐洲的」，不如說它是「近代」的產物。

林乃文

編劇、劇評人、戲劇顧問。現任財團法人國家文化藝術基金會表演藝術評論台駐站評論人。國立臺北藝術大學戲劇博士。研究領域為前衛劇場美學。曾獲財團法人國家文化藝術基金會藝評台首獎。著有《跨界劇場‧人》、《表演藝術達人祕笈》等，譯有《羅伯‧勒帕吉創作之翼》。

《他者的歷史》提到，關於「歷史」德文是分開的兩個詞彙，Historie 代表「使過去的事可以被理解的智識操作」，Geschichte 才是人們記憶中的歷史，也就是一個是「再現」本身，一個則是「再現的對象」。其他語言則缺乏這樣的分野，包括中文在內。因此當轉型正義浮出檯面時，有些討論一直被混淆著，歷史上發生過什麼，與它們如何被呈現出來，其實是不同層面的事。同樣在戲劇中也常面臨這種困惑：歷史有沒有可能被重現？但不可能被重現難道表示歷史沒有客觀的部分、完全被當作說故事比賽、你有你的版本、我有我的版本？無可避免地，一旦要表現歷史，便會涉及操作。當你希望它成為一種集體記憶時，一種集體化的操作就發生了，像是以一個國家或一片土地或作為單位的集體敘事。當你要建構「我們」的歷史時，如何避免把「他者」排斥出去？怎麼做才能把他者納入「我們」的集體歷史意識中？我認為這個難題，才是當下歷史敘事劇場的困難所在，而不是後現代主義或寫實主義、非寫實主義這類的美學選擇。從

90年代開始，為了一反戒嚴時期單一敘事的腔調，藝術工作者不願重蹈這種歷史生產過程，而有了反操作的傾向，莫衷一是、眾聲喧嘩，甚至導致敘事本身的崩潰。甚至為了凸顯「再現」的不可能，使得被再現的對象也顯得次要了，一切都模稜兩可。

除了時間性以外，我覺得歷史敘事的空間性也可以再被討論，因為，感知歷史的方式，不會只通過時間性的文字、敘事，還有空間，例如廢墟、祠堂、古厝，也是歷史被訴說的場地，劇場藝術不僅僅可以建立歷史敘事，也可以重建歷史空間。是否空間的歷史敘事比較可能把他者包容進來？我想先回應前面各位的問題到這裡。

鍾喬：這是很深刻的問題，等等請汪俊彥來回答這些提問。關於他者化，我的年紀是經歷戒嚴的年歲，戒嚴是國家把民眾致力於他者化的過程。到了1990年代，我們以為解嚴了，進入民主化時代，我們剛離開國家控制的記憶下之後，就一腳踩入全球化的時代──一個全新的世代，公民社會到來的同時，也介入了民粹的思想。90年代對後現代的檢討非常少，民眾在一定程度上他者化了歷史的記憶，當我們重新站回民眾的角度，要重新去看待90年代以後，對於白色恐怖比較有種眾生的批判性環節。接下來就請俊彥壓軸發表。

歷史與現代性──寫實的難題‧紀錄的必要

汪俊彥：我想說的，大家剛剛已經討論得相當精彩，那讓我來做一個收尾。國家是一個現代性的創造品，處理現代性的大問題時，就像亞湘老師剛剛提到的，在鍾喬老師的作品裡，紀錄面臨了寫實的難題，而敘事很容易再度被收編到一個大的主體裡。這個既大、又看似多元的主體，讓我們一直無法分辨權力機制的操作；當我們

以多元身分加入集體操作時，我們就會覺得這樣的方式是參與歷史，實際上卻加入了那個敘事的危險性。我長期著眼劇場的物質性，劇場需要花很多力氣、精力、金錢投入，這些物質層次從來都不是風花雪月，這都是我們非常在意的價值。這些透過劇場對歷史的處理實際上都是對當代意識的介入，但回到今天的現實就是，我們投入很多，觸及到的群眾卻是很小的；大眾會覺得跟自己沒關係，剛剛仁豪說了，這些年來國家更擴大了對劇場的投資，但事實是我們直接在劇場中對話的對象已經不是大眾。

汪俊彥

國立臺灣大學華語教學碩士學位學程助理教授。康乃爾大學劇場研究與批判理論博士。研究領域為臺灣當代劇場與文化翻譯、跨領域人文等，關注認識論與美學間的關係、華語文化表演的跨領域呈現。曾獲文化建設委員會現代文學論文獎助、世安美學論文獎、行政院國家科學委員會菁英留學計畫獎學金、傅爾布萊特留學獎學金等。

當代劇場裡沒有大眾，只有我們這群同溫層（小眾），或說是透過某種交流所要激盪出某些東西的地方。這群人終究不可能迅速地等同大眾，但反而因為這群小眾，「我們是誰？」反而被看清楚了。劇場可能是某個時期最能感染大眾的形式，但現在已經不是了；所以我們要去確認我們所要觸及到的群體是誰？因此，虛構反而回應了我們如何介入那個劇場的人與狀態。當寫實成為敘事難題時，非寫實就成為一種解法。

讓我也簡單談一下語言。《戲中壁》中有閩南語、客語、國語不同的語言，乃文給

我們的提示是臺灣就是這麼複雜，任何語言不可能是單一語言，如《天光》裡面的演員講客語，有三分之一是學的。我認為這就是當代客語的位置，不像國語被完全吸納，如我們今天講的華語、普通話成為國語；也不像閩南語信誓旦旦地要接收成為國語的接班者，而客語一直作為臺灣的一部分，卻又無法被完全吸納，可是也無法被排除。我認為這就是客語的位置，同時兼具吸納、排除的批判點，如果我們只想像它要納入了臺灣的大想像，它就是完全被吸納，那它就會變成是一個接班者的姿態。可是如果它是同時被吸納、卻又沒有辦法被完全吸納的時候，客語的位置對我來講就非常的迷人，它不斷凸顯出所有的語言基本上要透過一再地學習、認知、接觸，我們才能進入那個情境，正是《天光》演員操練的狀態，正好也是《戲中壁X》中所看到的複雜的語境狀況。而這樣的狀況可以讓我們不斷的去刺激，剛剛仁豪羅列清楚的白色恐怖在當代劇場製作已成為重要的核心關注，而客語可以在這樣的核心關注中扮演怎麼樣的位置跟角色。當我們想沉浸的時候，客語反而是一直提醒「我們無法沉浸」，因為我們需要翻譯，需要一再地認知，我們才能進入歷史狀況。這樣的情況就會刺激——這語言是我們所熟悉的，但它不是我的母語；雖不是母語，卻能成為我的一種語言。當客語變成具有批判性的角色的時候，正好符合今日所講的物質狀態。劇場裡的那群人，就是不輕易被國家吸納收編的人，但也並非孤芳自賞，他們介入、處理歷史，但又能找到一個批判的觀點，而這個觀點對我來講可能可以是今天我們對客語的認識跟想像。

所以從這個角度來說，就能再進一步討論，所有的田野不是歷史的回返，歷史這個意識讓我們看到田野的空間。除了語言，《戲中壁X》的演員介在有點話劇的角色姿態，非常迷人，讓我們看到一種寫實的肉體，一路到白色恐怖跟簡國賢的細部，也看見當代這種表演漸出歷史舞臺的現象。一方面處理了虛跟實之間，另一方面處理了語言的多語之間。

我認為演員的表演和所謂的話劇傳統有很大的關係，以話劇為支持的角色，塑造了這些演員基本美學的架勢，一方面提示了寫實曾經是臺灣劇場非常重要的身體記憶，另一方面也辯證了當下對於寫實更複雜的認識。《戲中壁X》是在當代處理白色恐怖議題中，非常具有問題意識的戲劇。

現場回應

鍾永豐：我想分享一下我在1992年左右做的社會調查，開始接觸這樣的議題是讀了藍博洲的《幌馬車之歌》，但他對我來說有種危險，就是他把鍾浩東這些人的事情概念化，這是這本書的貢獻，但也造就了書寫的危機。

後來很幸運地，我在美濃時去拜訪和鍾浩東擔任校長時期的教師，我問他：「鍾浩東如何當一個校長？」因為藍博洲把他神聖化、概念化，我想知道鍾浩東是如何為人處事的。他說這個校長每天帶學生去礦坑，看工人如何做工。這件事給我很大的警醒，就是說這些概念如何帶到歷史現場，呈現出當時是什麼樣的場景、語言以及貢獻？這對我來說是一種感知與一種進步。

第二，我問他是如何逃難的，一路從基隆到美濃，又跑到美濃深山，他講起來完全沒有悲情、恐懼，是很務實的。他展現出一種農民的本性，就像是說：要生存就要拚命！這給我的一種體驗是，地方工作者要有才情與熱情，要看到一種庶民的大的視野。

鴻鴻：我今天是來學習的，我對白色恐怖、客家劇場都很有興趣。一開始許仁豪提到，這些年來傾國之力在做轉型正義。我倒覺得是文化人、文化部門在關心轉型正義，政治上的轉型正義非常慢，文化只能是軟性的力量。

由於文化跑在前面，所以顯得更重要。剛剛提到的那些冒出來的眾多戲劇，大多不是官方委託的，其實是地方自發的，我覺得這是好現象。這些年輕人在解嚴之後成長、想要關心，這是正向的事情。

但因為他們沒經歷過，有時太概念化、太虛，現在是要把地基填滿，讓很多東西可以被閱讀、傳述、翻譯。比如人權博物館做的白色恐怖散文選，不只是加害者、受害者、旁觀者在那裡翻來轉去，這些歷史其實都是被社會時代被推著走的。這些是想像不來的，需要透過現實的學習，才能有進一步的想像，雖然具有缺陷或偏頗，但大家都用自己的立場試圖去理解、詮釋。

過去單一型態的東西沒有考慮到非我族類的立場，包括客語復興，我自己不是客家人但也耳濡目染。大家都是在成長過程中，把廣義的母語學回來。如同俊彥所說的，我們是「超級小眾」，但這個努力是非常重要的。看戲看到的那些東西，會變成你累積的動力，我是樂觀看待的。

鍾喬：感謝鴻鴻的補充。請客家委員會廖美玲處長說說。

廖美玲：去年看到《戲中壁》，呈現出來的東西有些傷心，不過因為白色恐怖事件比較沒有這麼開放式的討論，所以說不一樣的表演形式，比較有機會讓我們反思。比如委託北藝大製作的《天光》，要引起人家再去深思的劇情安排，對於我們不是專業的劇場人來說，我們也能關心這些，而產生一些新思考。於是，我們藉由戲劇來了解歷史的這個狀態是沉重且深刻的，戲劇不是赤裸血淋淋地呈現，但省思一樣會被激發。

賴予喬：如俊彥老師說的，客語有種迷人的感受，我想跟大家分享我看到共生音樂

節的廣告文案。這很像其他老師提到的，去掉政治色彩的「虛」的表達，也可以有很年輕人的想法。原來辦二二八紀念活動的年輕人會用這樣的想法來詮釋，也邀請大家來討論二二八，這是一個以音樂為主體的，關於二二八事件的分享。

鍾喬：其實討論白色恐怖，肅清的事變，與二二八單一事件的性質不太一樣，都是壓殺的歷史，但在後來的歷史解釋上，要分別來看才能看得更清楚。所以說我們今天來討論，現代客家戲劇要如何來表現歷史的共同記憶。今天的參詳沙龍就到這裡，感謝大家。

延伸
閱讀

《戲中壁X》

由「聖烽演劇研究會」製作、劇作家簡國賢原作（日文完稿，自譯華語）、宋非我編譯（河洛話）之獨幕劇《壁》，於1946年首演於臺北中山堂，描繪官僚與商人如何壓迫貧困工農，反應戰後臺灣社會的貧富差距與階級問題，受到民眾熱烈迴響，卻於同年第二次公演時遭臺北市警察局下令禁演。二二八事件後，宋非我曾被捕入獄，後出走中國；簡國賢加入臺灣共產黨地下組織，遭逮捕槍決。差事劇團團長鍾喬以簡國賢的一生經歷為靈感，創作小說《戲中壁》於1995年出版。2020年由客家委員會主辦、差事劇團演出的《戲中壁》，講述簡國賢的遺孀簡劉里保存《壁》劇本的故事，在寶藏巖國際藝術村山城劇場演出。2021年，客家委員會與差事劇團再度合作推出《戲中壁X》，演出「劇作家X」創作《戲中壁》的歷程，以魔幻寫實的風格討論白色恐怖的歷史，在華山文創園區烏梅劇院與臺中國家歌劇院小劇場演出。（照片提供／差事劇團）

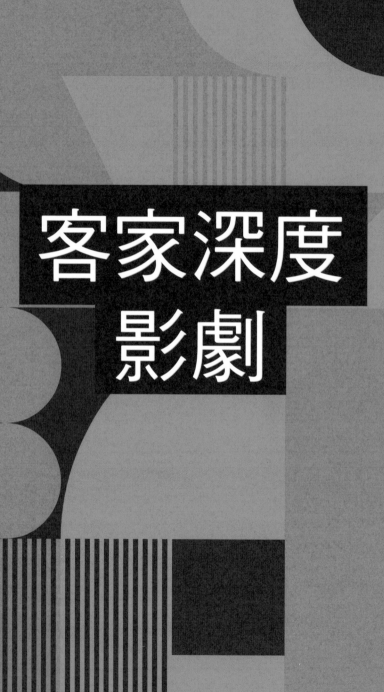

客家深度
影劇

資訊爆炸的年代，客家的元素散落在哪裡會被大眾意識看到？客家的影視創作者，在過去 20 年如何突破各種限制，呈現當代客家的面貌？我們用三個面向去做深度探討。第一個是透過幾位導演的經驗，探討如何將當代客家年輕人的面貌呈現出來；第二個面向是以《茶金》的劇本、表演、製作概念，來探討時代戲劇的操作，用影視作品的高度來凸顯客家影視的發展方向；第三個面向是邀請幾位導演針對族群文化背景的轉換呈現上的演繹。自己期許在「參詳」的討論中，能夠把客家放在世界、臺灣的範疇來深究，畢竟客家不能一直在自我對話，才能夠讓客家去更遠的地方。

召集人　湯昇榮

小眾的想像，大眾的視野——
客家影劇下一步計畫

時　　間：2021 年 11 月 20 日（六）14:00 至 16:00
地　　點：左轉有書（臺北市中正區鎮江街 3-1 號）
召 集 人：
　　　　湯 昇 榮／瀚草影視文化事業股份有限公司董事長
與 談 人：
　　　　王 傳 宗／導演、編劇
　　　　李　　鼎／作家、導演、出品人
　　　　吳 宗 叡／導演、編劇
　　　　黃 桂 慧／前客家電視戲曲戲劇群召集人
記錄整理：林 宇 軒
攝　　影：汪 正 翔

湯昇榮：邀請到許多嘉賓共襄盛舉，一起來談談客家影劇。說到客家的影劇，「小眾的想像，大眾的視野」題目看起來雖大，但可以先從身邊的事情切入討論。

緣起，臺灣客語影視作品的開端

湯昇榮：可能很多人看過台視知名戲劇《星星知我心》，其中梅芳阿姨有時就會說客家話。有趣的是，其中一個女孩被送到高雄美濃的家庭，在家還會做紙傘，她在裡面也有講一些客家話。當時的影劇作品很少講客語，這對我而言產生了很大的新鮮感。

客語出現的場景如：侯孝賢導演的《童年往事》；《牯嶺街少年殺人事件》裡打撞球的場景，也有一個人突然講客家話，我看到時嚇了一跳，1998年公共電視推出的戲劇，作家愛亞本身就是講海陸腔客家話。很難得在戲劇裡聽到客語，更不用說是由客

湯昇榮

擔任製作人、導演、記者、唱片監製、詞曲創作、樂評人、電臺主持人等，現任瀚草影視董事長。曾任客家電視副臺長兼節目部經理、大愛電視臺總監辦公室主任、戲劇部副理。參與作品有《麻醉風暴2》、《我們與惡的距離》、《誰是被害者》、《紅衣小女孩2》、《人面魚──紅衣小女孩外傳》、《火神的眼淚》、《2049》、《茶金》等。

家人來表現出自己的語言。

但是，過去難道沒有客家人、沒有客家生活嗎？《茶金》，這是一部高達七成都講海陸腔客語的戲劇，裡面描述的是1949年新竹客家茶業商人的故事。第一位來賓是我很好的工作夥伴。可以說客家戲劇是在他手上做起來的。

黃桂慧：我是屏東的客家人，12歲就搬來臺北。回到屏東的時候，會被說「你是上面來的」，現在也很難定義我是哪裡的客家人。工作緣故，我能夠流利地說客家話，我也常說「寶島客家電台」是我尋回客家話的地方。

黃桂慧

前客家電視戲曲戲劇群召集人。參與督導電視電影作品有《光的孩子》、《勞動之王》、《黑盒子》、《谷風少年》、《出境事務所》、《在河左岸》、《阿婆的夏令營》、《雲頂天很藍》等。

湯昇榮：下一位是帶領客家電視第一次得到電視金鐘獎的導演，也是我臺北藝術大學的學長、藝術家。

李鼎：我是《雲頂天很藍》的導演。從以前不會講客家話，到交往的第一個對象是客家人。對客家人的印象就是「又愛又恨」。只要交往對象全家人想要「整我」時，

2015年，客家電視《出境事務所》，以殯葬業為題材的連續劇。（照片提供／客家委員會）

他們就一起說客家話。後來到客家電視工作，客家的任何東西我都很喜歡。雖然我是甘肅蘭州人，從小在眷村長大，但我這一生所有的榮耀都是客家人給予的。

湯昇榮： 接下來的王傳宗導演也鎖定年輕族群，比如《飆！企鵝里德》是關於競技啦啦隊的故事。那時候研究才發現在苗栗、新竹有很多青少年在關注這一齣戲，尤其這是電視電影中，第一齣客家連續劇。

王傳宗： 我自己的挑戰是，把它當「外語片」拍。雖然我聽不出口音，但聽得出感情，突然就發現有某種東西是相通的。因為這個關係讓我對於拍攝稍微有一點信心，不會因為聽不懂就不能思考或指導，我還是會覺得很親切。

王傳宗

導演、編劇。現為自由影像工作者。電影、電視劇導演作品有《寶米恰恰》、《我的完美男人》、《飆！企鵝里德》、《致，第三者》等；編導公視人生劇展作品如《芭娜娜上路》、《我的阿嬤是太空人》等。

湯昇榮： 剛剛提到，2002年作家李喬的小說三部曲中《寒夜》開拍成戲劇，公共電視投資了相當多。對我來說這是臺灣第一齣的客家影劇。劇組當時在苗栗打造了一

間房子，說的是日治時期的故事。但當時沒有這麼濃厚的客家氣氛，為了營造客家感，就先當成華語戲劇拍攝，後來再配客家話的聲音。

雖然是關於客家文化和客語發音的作品，不過可惜的是比較少客家人參與。其實在客家電視設立之前，《後山姐妹》的拍攝我就有建議找客家人來拍戲、製作。後來才開始有比較多客家人參與。

當時在李喬老師製作的節目《文學過家》中，發現到要找客家人來演戲其實很難，所以幾乎都是後來才找人配音。雖然不太算嚴格定義上

2012年，客家電視《飆！企鵝里德》，以競技啦啦隊為題材的偶像劇。（照片提供／客家委員會）

的客家劇，但是用配音的方式來製作，到後來大家才慢慢開始找越來越多人來。可

以請桂慧老師稍微介紹一下節目的形式嗎？

黃桂慧：李喬老師的節目《文學過家》比較像是類戲劇，主要是介紹臺灣客家文學作品的故事，有一部分是用戲劇來演出，盡量講客家話，那時候昇榮拍的是客家詩。以前節目中講客家話，幾乎都是點綴為主，畢竟客家沒有市場。20 年過去，客家的文化有沒有更多的發展？可以再去深入討論。

湯昇榮：回顧過去許多的電視戲劇作品，客家電視拍攝了許多好作品，包含《女孩上場》、《四分之三》等。

黃桂慧：《四分之三》是關於青年返鄉的故事，偏向家庭類。當時會做這齣，是因為找演員很難，所以那時才說要開始慢慢培訓。《烏陰天的好日子》則是關於精神官能症。

李鼎

作家、導演、編劇。電視劇、電影導演作品有《雲頂天很藍》、《我在臺61》、《大崎下》、《烏鴉燒》、《憨嘉》、《到不了的地方》、《愛的發聲練習》等。（照片提供／李鼎）

湯昇榮：《台北歌手》講述呂赫若的生平與他的文學作品改編、《勞動之王》過勞的議題和《飆！企鵝里德》等。當時在找演員時，腔調好像是一個很重要的關鍵？

黃桂慧：對，因為海陸腔的演員很少，還是以四縣腔為大眾，所以演出時，有時候會要求演員調整腔調。

湯昇榮：《花樹下的約定》是電視台第一次開始做給年輕人看的作品。我當時在這齣戲找了很多主流的明星演員，希望從這裡吸引更多觀眾來欣賞。客家電視要怎麼做？第一個要做純客家的東西，第二個是對客家有興趣的人。

黃桂慧：那時候做收視率調查，發現觀眾都是住在客家庄、45歲以下的年輕人。我們就想「觀眾要從小培養起」，一直做，大家就會看。後來真的發現

2011年，客家電視《雲頂天很藍》，以校園為題材的偶像劇。（照片提供／客家委員會）

很多學生，都曾經看過客家的戲劇。

湯昇榮：改編自文學、電影的作品也有很多。我們的客家戲劇培養出很多優秀的演員，客家電視可以說是搖籃。比如說《月滿水沙連》在南投拍攝，這是我們第一次做偶像劇，改編自莎士比亞、關於茶葉的故事，裡面還有一般大家說的「調情山歌」。接下來談到的《雲頂天很藍》，就交給李鼎導演來分享。

李鼎：看一下當時《雲頂天很藍》的片花介紹，可以看到民宿的風格很漂亮。十幾年過去也不會覺得這部片過時。雖然沒有像《茶金》花錢花得這麼多。我們一集只有80萬元，拍20集真的很不容易，可以說是小眾的價格拍出大眾的價值。雖然中間一直在吵架，但我從來沒有忘記《雲頂天很藍》是我的第一部連續劇。

在十幾年前還沒有網路的時候，我們就去做校園、廢校、家庭、愛情、寵物等等題材，對於一個第一次導連續劇的導演來說，全世界應該不分臺灣、韓國、美國，也不可能有剛剛以上全部這些情節在同一部劇中，十幾年前會講客語的小孩很難找。當時也討論了很多，這些議題拍一輩子都不夠拍。老實講，當時我也不太敢接，但是就在我們第一次會議、大家一起想出了《雲頂天很藍》這個片名時，我覺得我要抓住這一生中最重要的機會。

只有老天爺知道，這些劇中發生的所有的事情，每天都在發生。如果老天爺每天都看這些事，而我們勾勒出這一個最靠近天空的地方，那是不是最靠近天空地方的這個小村落，好像就可以因為這個片名而接納世界上所有發生的事？我覺得客家人是全世界「最懂得革命的人」。所以我那時候覺得，如果這件以前沒有嘗試過的事一旦成了，我可能會跟這些人交一輩子生死與共的盟友。

客語表演，對導演和演員的挑戰

湯昇榮：關於「客家演員」。各位也都拍了各種不同的作品，你們怎麼去安排？

李鼎：2008 年開始接觸《雲頂天很藍》，到前幾年拍《烏鴉燒》，我發現演員對於「說客語」會分三個完全不同的階段：第一個階段，好演員打死都不願意來，並不是說瞧不起客語，而是知道，如果語言表達不好的話，表演是傳達不出來的；到第二階段《烏鴉燒》，大家都搶著要演，因為客家戲劇很多人覺得很好。我們後來為什麼可以有那麼多演員主動來接觸？因為客台戲劇有一個方向讓大家來挑戰。

如果今天要做演員大改造計畫的話，只要來客家電視演戲就可以。為什麼演客語戲劇會容易得獎？我覺得一方面是有一個會吵架、會要求的團隊，還有碰到一個好劇本、好導演、好角色。《雲頂天很藍》入圍最多的，反而是來自演員的獎項。我們入圍最佳女主角、最佳男配角，當年的對手非常強。

接下來另一個，你會發現語言的重要。光用客語講「雲頂天很藍」這幾個字，就可以展現和華語完全不同的個性。因為評審都會看翻譯的字幕，可是客家話正好處理的東西，跟普通話不一樣，講的時候，整個身體是會發抖的。

湯昇榮：我覺得這個還有一個很特別的東西。因為背景的關係，可能一般長輩在看的時候會不太習慣語言的運用，需要調整到一個適合的感覺。

黃桂慧：其實《雲頂天很藍》真的是客家話「文雅」的一個分水嶺。以前大家會說戲劇中的客語都亂唸。但是在戲劇中，我們最主要的事情是要「表達劇中的狀態」，《雲頂天很藍》就做到了。

湯昇榮：我覺得很重要是說，在處理非常多角色的對白和OS時，我喜歡給出一個新的讀法。雖然傳統的也有，但我覺得客家也要與時俱進──新的美學要怎麼從小眾到大眾？一定要走出新的語境、新的氛圍。對我來說，如果客家影劇要繼續往下去，沒有創造新的樣態的話，就不會進步。

李鼎：「客語」在戲劇中有什麼新的樣態？為什麼我們要保持各個語言？其實是可以從「用字」還有「發音方式」去理解──客語的戲劇，可以用客語這個語言的發音方式隱藏情感。

湯昇榮：我們在客語環境很久，習慣的用法其實需要新的挑戰。《雲頂天很藍》做到了一個新的語境，但也因此而被許多長輩罵。

黃桂慧：但《雲頂天很藍》當時的定位很清楚，就是拍給年輕人看。其中很特別的一點是，讓演員被大家看到。當時古斌入圍男配角，之後就被定位成一位「可以演」的演員。

李鼎：我當時也採用了一個很特別的拍法，和現在《魷魚遊戲》的攝影風格是一樣的：把攝影機架在搖臂上。剛剛看到的所有畫面，都是攝影師操控搖臂拍攝的。為什麼要這麼做？因為當我要調度這麼多演員，傳統的拍法沒有辦法這樣去呈現──所有的表演必須來真的，必須跟著戲走，一鏡到底。

湯昇榮：回到剛剛客家語言的使用上。對演員的觀察跟語言使用，你們有沒有看到什麼問題？

王傳宗：我處理《飆！企鵝里德》的方式比較不一樣，不會強迫演員一定要講客語，因為小朋友有演員比例的問題。所以，裡面不管是長輩還是老師，一定都是講客語，但小朋友被允許一半客語、一半華語，因為這其實也比較符合現況——很少小朋友從頭到尾、上課下課都講客語。

湯昇榮：確實，我們在討論現代客家戲劇的時候，會發現一件事情：你去便利商店買東西，或是同學們在學校裡，都不太可能會講客語。其實現在客語出現在生活環境裡面，幾乎都是在家庭中。

黃桂慧：關於「自然語」這件事，在拍攝的時候其實反而會把它想成另外一個情境：「全部人都會講客家話」。一開始的概念就是這樣去做。後來，其實也是導演們提出來質疑和討論，才開始擔心「語言」和「表演」之間的衝突和拿捏。

戲劇不是讓你來學客語的

湯昇榮：剛剛傳宗提出一個很好的問題。我們要怎麼讓當代這些人的生活裡面，有「客家」的出現？客家電視選擇用「戲劇」的方式，呈現出真實的生活。

黃桂慧：戲劇不是讓你來學客語的，我們有客語配音的節目。戲劇本身應該去傳達文化的東西。

湯昇榮： 除了需要新的觀眾進來，我們也可以提供一部分講客語的機會，比如像《茶金》讓人了解海陸腔。但過去在做戲劇的目標，其實很大一部分是要讓「非客家人」來看。

李鼎： 我有一個解法——如果今天要讓客語戲劇走向大眾，應該要創造「客語為主的客語角色」。我們可能太少去理解，當主角是客家人的時候，故事會是怎麼樣。《烏鴉燒》的主角就是一個客家人，所以不管情境裡面用什麼語言，他自己主體思考的設定就是客家人，其實它就可以走向大眾。

吳宗叡： 其實我在拍《女孩上場》的時候，反而反其道而行。因為演員們都來自不同的領域。我就想，有沒有可能讓她們成為一個球隊？因為「女籃」其實是很私密的，所

吳宗叡

導演、編劇。參與編劇、導演之電視劇、電影作品有《女孩上場》、《鏡子森林》、《不死三振》、《失業陣線聯盟》、《日據時代的十種生存法則》、《最後一次溫柔》等。

以我本來想說讓她們對話的時候講自然語，這樣比較沒有負擔；但後來我覺得這樣不行，要就要講百分百的客語。只能用這個語言溝通，所以即使她們八個來自不同

領域或是身分，在戲裡面就有「從小玩到大」的感覺。

黃桂慧：《女孩上場》光語言就訓練了半年，不像之前的戲劇，可能只有一兩個月的訓練時間。她們還要練習籃球戰術、演技等等，主要因為都是素人。這個流程操作下來，把演技跟語言都放在培訓過程中，其實都沒有什麼問題，非常的順暢。

吳宗叡：而且我覺得，那會給劇組的籌備很大的限制，可是是好的。必須完成這件事之後，才能往下一步走——所以劇本一定要好，才能讓她們客語老師翻成客語。

湯昇榮：我覺得剛好三種不同的形式來探討，這個對於客家演員的樣態。傳宗你覺得你拍的過程中，有被客語干擾嗎？

王傳宗：其實完全沒有。這樣講好像比較自私，但我覺得自己是為「戲劇」服務，不是為「客語」服務，所以看角色和故事。但不得不說，小朋友講「自然語」是一個比較策略性的做法，因為我們找的小朋友全部都是素人演員。所以，進去第一件事情，就讓大家感情好一點。進去不是學優美的客家話，反而是學「髒話」。所有演員，全部都真的是競技啦啦隊成員。李鼎導演是《雲頂天很藍》，我們是「新竹水很深」啊。

湯昇榮：拍這部戲的時候，沒有競技啦啦隊的身分的話，你敢拍嗎？

王傳宗：我就是要他們那一張張的臉，前面已經讓觀眾認識完之後，讓他們一個個把隊友拋到兩、三樓高的地方，大家才會嚇到說：這群看起來像小演員的人，他們真的是競技啦啦隊。這就是我要的效果，所以一定得從啦啦隊裡面去找。他們對於

「不是客家人卻要講客家話」是一個挑戰。大家玩在一起、吃在一起、睡在一起，培養那種「革命情感」。每個鏡頭都是一個挑戰。我必須說，這個辛苦是有回報的。

湯昇榮：我覺得有這樣的一部關於運動的客家戲很有趣，之後還有宗叡的《女孩上場》。以真實為出發點，更貼近生活與印象

吳宗叡：片花裡最後一句臺詞「我只有現在。」其實那是《灌籃高手》中櫻木花道受傷時，跟安西教練講的話。不同的流行文化會在不同的戲劇作品中，它的精神是一樣的。我那時候就跟客語老師說，我要埋很多這種致敬的巧思。好處是，知道這種次文化的人，會去查這句話的客語講法，這樣的東西是好玩的。另外一個是，《女孩上場》故事發想，是來自苗栗高商。一個資源比較少的學校，但它對抗臺北、臺南、高雄這種相對有資源的學校，會有一種格格不入的感覺，大家都會覺得這所學校有「鄉下來的」的感覺。

湯昇榮：其實苗栗打籃球的人不少。學校的男籃隊很強，這部戲劇優點在於「展現地方特色」，學生本就都會打籃球，所以著重訓練語言。

黃桂慧：訓練語言，還有演技。當時用徵選，有要求演員都必須打過甲組比賽，只有一位沒有打過。打籃球這件事情，鏡頭騙不了人。

吳宗叡：原本劇本安排男性教練，但後來發現，女性教練是更讓人「匪夷所思」，因為她們有很多的情緒來回。「語言」會讓原本不協調的一群人，因為講同一個語言，反而變成「同一國」。可以對抗「外面那一國」。所以，劇本第一集就是在講兩個姊妹用客家話在講學姊壞話。

劇情裡，學姊就要求「你們講國語」，老師有跟我糾正說應該是「華語」，但我基於劇情的考量，覺得「國語」更像是都市人會對鄉下人講的話。回到家鄉後，才是都講客語。因為很多粉絲都是國中生，他們都用抖音，然後很多人會講「找死」的客語。至少願意接觸，否則一開始可能也沒辦法接受客語。客家人比例其實很高。客家人很團結，但也有點封閉，我把這概念融入劇本。「把小眾放大」，這是我自己的想像。

客家電視會給很多前置籌備時間，還有因為你必須學客家話，所以要一步步進行。這是華語劇不能做到的事。因為題材限制，可以找到很多再去挖。客家有很多傳說，也是可以挖掘的，因為它也是屬於比較私密、比較在地的題材。

湯昇榮：有很多電視戲劇，預算沒有辦法直接做這些語言，幾乎都是回錄音室配音。前面主要是讓大家了解，過去沒有了解的客家戲劇，像是歷史或運動。

王傳宗：要讓觀眾看「客語發音」的好戲劇，還是看「客語」這件事？一直以來，「醉翁之意不在酒」。韓國的《我只是個計程車司機》，我看完之後第一件事情是去查「光州事件」。

先讓觀眾喜歡這個角色、喜歡這個劇情，他才會記得去接觸你這個語言，像是韓劇讓我們改變了對韓文的觀感。我們今天如果要做客家劇，我覺得重點還是去發掘有趣的故事，不用去說這邊的發音正不正確。用表演說服觀眾，語言其實沒有那麼重要。觀看、評審一個作品並不是演講比賽，重點還是怎麼用文化底蘊和表演來感動人。

雖然說我們來討論「客語」的下一步要怎麼發展，但我認為客語不用擺這麼前面。先用戲劇感動人，語言在中間，自然而然觀眾就會去擁抱這個語言。

湯昇榮：經過專業的安排，原本的東西就會出來。像是看《茶金》就會知道，作品做得好，觀眾自然就會被吸引。從戲劇裡面帶出全世界的流行，我就想：客家做得出來嗎？

李鼎：其實《雲頂天很藍》就是往這個方面走。我認同傳宗導演，但他的這些話，是導演最不敢跟客戶直接講的。

臺灣太習慣把所有的責任都要交給導演。所以，在這樣的訓練下，還可以活20年的導演，其實會知道：這個東西能不能行銷？怎麼樣把形象做出來？角色形象如何跟行銷結合？

那時候才剛有臉書，我們就立刻幫女主角創立帳號。後來更以虛擬人物創造一系列。就像現在看《茶金》，要看的是整個客家團隊，不能只是把這件事情完全交給導演。

還是要有原創。《茶金》、《飆！企鵝里德》、《女孩上場》……現在原創越來越強，但是在行銷時，要先知道產品的特殊性。我認為客家人的故事可以贏過全世界，光從語言的發音上面，或山歌的色情程度。客家人的底蘊深厚悠遠，是因為客家耆老永遠會告訴孩子家裡的故事。

湯昇榮：大家一起討論，讓不同聲音交流。沒有新的聲音就無法往前進步。客家對我而言，不只是「我們」，而是「下一代」。做客家作品是責任。如果有一顆客家心，什麼樣的形式或內容都可以推出來。若畫地自限，就無法創新。

延伸
閱讀

《女孩上場》

2021年3月22日於客家電視首播的臺灣運動競技題材偶像劇，共有12集，由吳宗叡導演，張逸寧、吳宗叡、陳南宏、吳岱芸編劇，張珝希、蔡嘉茵、徐瑞菱、高倩怡、范姜泰基主演。故事背景以苗栗楠鄉高中的女子籃球隊為主軸，講述她們面對打球與升學的難題，以及在有限的資源及球技下，夢想挑戰甲級聯賽，甚至進入八強前進小巨蛋。入圍第56屆金鐘獎戲劇節目獎、戲劇節目導演獎、戲劇編劇獎、戲劇節目女主角獎、戲劇節目最具潛力新人獎等，並獲得戲劇節目編劇獎。（照片提供／客家委員會）

茶金——
一個客家文化的新突破

時　　間：2022 年 1 月 22 日（六）14:00 至 16:00
地　　點：左轉有書（臺北市中正區鎮江街 3-1 號）
召 集 人：
　　　　　湯 昇 榮／瀚草影視文化事業股份有限公司董事長
與 談 人：
　　　　　李　　杏／演員，《茶金》飾演夏慕雪
　　　　　許 安 植／演員，《茶金》飾演羅山妹
　　　　　溫 昇 豪／演員，《茶金》飾演劉坤凱
　　　　　童 毅 軍／演員，《茶金》飾演林勤男
　　　　　溫 吉 興／演員、小劇場學校負責人，《茶金》飾演范友義
記錄整理：林 宇 軒
攝　　影：汪 正 翔

湯昇榮：很高興有這個機會來「參詳」沙龍，針對《茶金》共同討論。

鍾永豐：這次參詳沙龍影劇主題由小湯來負責召集。《茶金》裡可以看到時代性、聽到客家話，我認為《茶金》對客家影劇品味的提升有很大成績。

溫昇豪：我是六堆的客家人，但我沒有機會說客語。參與《茶金》這齣戲讓我一點一滴把客家話學回來，現在有機會就會多說。

溫吉興：大家在各方面都很投入《茶金》。我以前雖然會說一點客語，但上臺北讀書後就變成了「國語人」。當時在臺北做劇場、教表演都是用國語；在客家電視下工作，也可以講講客家話。我從文化大學美術系畢業後，就參加劇團到現在。那時候到臺北讀書，畢業後沒有回家，跑去參加劇團。從90年代小劇場運動的時代開始，我就一直做到現在，30年了。

李杏：我不是客家人，一句客家話都不會說。我在《茶金》裡飾演上海人，我自己家是江浙人，也是和上海有連結。之前有拍過客台的戲，我覺得學習語言，是我很喜歡去挑戰的事，所以也想試試看被客家話磨練，因為客家話真的不容易。

童毅軍：我是浙江人。在戲裡面演的是客家人，有人問我是客家人嗎？怎麼客家話說得這麼好？當初也是客家電視問我，要不要試試看講客家話的角色，我才慢慢上手。一定要一點一點地把語言撿回來，如果很久沒有說的話，那就會不記得。像我爸爸就是這樣，從大陸過來待在臺灣很久，一開放探親，他回去發現那些話他還聽得懂，但講不出來了。

許安植：我學會的客語都是來自《茶金》劇本，所以沒辦法很流利地講客語。我爺爺是江蘇徐州人，我奶奶是客家人，不過她在我很小的時候就過世。幾年前，知道自己有客家血統後，透過到屏東內埔與六堆的旅行來認識客家文化，那時我特別喜歡伯公廟，去各個轉角看，心裡就會有很踏實的感覺，因為我自己也在尋根。

有機會可以拍到《茶金》這部戲就很興奮，因為我對語言也有興趣，但之前沒有想過要把客家話學好。有時會和客家朋友討教，學得比較多四縣腔。藉由這個機會，很多人給我的回饋是「客家話很美」，很高興我們能夠做到，也讓大家注意到客家傳統文化的細節，比如婦女和男性分桌吃飯、父子關係、家族結構等等，開始會有人找我討論，所以我自己也會去了解。

湯昇榮：一齣客家戲在這個時代，除了觀眾，參與的導演、演員們也都會獲得一些東西，在拍其他的戲劇時也會受到影響。大時代的演進來講，我們做的是「文化和文化的撞擊」。

語言在生活當中是非常正常的事情，過去20多年出現了很多客家戲劇，要考慮表現方式、適合的角色等；一開始要做客家的作品，很多鄉親會問「為什麼不找客家人來演」？為了解決客家話不純正的問題，我請了很多戲劇專業的演員，透過語言的訓練環節，包含發聲、聲音表現等，那時來參與演出的演員，比如莫子儀，很多都不是客家人，但他們用表演來凸顯這個角色，不會因為不是客家人就被排擠，到最後甚至也能直接用客家話來聊天。

有些演員學客語是「為了有戲可以拍」，莊凱勛拍《寒夜》時，就是因為拿到了那個角色而必須學客語，現在也得了很多獎——我就跟他討論，雖然你不是在客家文化

下長大的人，但因為演員這個專業而必須去學習客語。語言和表演藝術是不一樣的專業，在實際的戲劇當中有很多例子，安植是如何感受語言的奇妙，回到戲中的那個時代？

新語言的挑戰，學著不要「唸課文」

許安植：那時湯哥提供錄音檔和中文臺詞劇本，讓我們試著錄客家話。不知道為什麼那時我自信滿滿，覺得自己講很好，也很幸運地爭取到這個角色；直到後來拿到山妹的客語臺詞後才覺得完蛋了。裡面有很多的專業術語，一般學語言都是從生活用語、基本問候開始慢慢學，但我一開始就是學這麼難的東西，真的很挑戰。

許安植

臺灣演員。曾獲臺北電影節最佳新演員獎、入圍金鐘獎「迷你劇集／電視電影」最佳女配角獎等。《茶金》中飾演羅山妹。演出作品有《馗降：粽邪2》、《樂園》、《三角犯罪》等。

老師從羅馬拼音、發音開始教，那時也算學得很順利；回家整理這些資料後，發現要把臺詞講成不像在「唸課文」是一件很困難的事。像我現在講華語像是反射動作，不用思考；要如何讓客語斷句、換氣在對的地方，這必須一直練習，慢慢找到「自己的語感」。從學客家話到開拍，其實只有一個月五堂課的時間，我就逼自己在第四堂課把所有臺詞背起來，用我自己的方法翻成客家話，這樣才真的有「吃進去」，把情緒和語言捏合起來。開拍又是另外一個地獄，只要現場要改臺

2021年，《茶金》劇照，許安植（左）飾演羅山妹；童毅軍（右）飾演林勤男。（照片提供／財團法人公共電視文化事業基金會）

詞，我就當機了，才發現自己其實還是硬背的，不知道怎麼運用這個語言。隨著拍戲的天數越來越多，有很多發音的細節是沒有辦法用拼音表達出來，像是客家話的「東西」其實有更細節的腔調，我就一直抓著老師問，到底「東西」要怎麼發音比較像客家人，客家話真的太難了。

湯昇榮：那時候決定要拍《茶金》，不到半年的時間，就對外公告徵求會講海陸腔的人來演戲，來了兩百多人報名。聽安植的錄音檔我們就感覺非常自然，覺得這個人可以。有時候就是咬字捲舌的天分，有沒有可能被改造，一聽就知道。這齣戲當中，有些沒有說客家話，像李杏就要學上海話，對她來說也是新的學習，包含文化和語言，李杏有找到什麼脈絡嗎？接下來請李杏分享一下，如何融合語言、時代性

和專業京劇表演上的學習。

穿上旗袍，自動融入角色與情境的專業

李杏：我是江浙人，爺爺奶奶、外公外婆他們在我小時候是講「方言」，外婆講上海話，爺爺奶奶是講江蘇的方言，但是和上海話非常像。我小時候聽得懂，只是不會講，所以我覺得這是我在戲中可以銜接很快的原因。有些上海話的發音沒辦法用拼音、注音去標註出來，像上海話的「就是」這個詞我就被老師糾正很久；上兩次課的過程，也是一直不斷重複臺詞。可能也是因為上海話的臺詞比較少，所以我可以只背臺詞。

李杏

臺灣演員。曾獲金馬獎最佳女配角獎、金鐘獎戲劇節目女配角獎等。《茶金》中飾演夏慕雪。演出作品有《2049－完美預測》、《火神的眼淚》、《樓下的房客》等。

湯昇榮：但中間華語的部分也是要保有那個「口氣」，就像是童哥劇中也要講「客家國語」一樣，很自然的融合。

李杏：我本來就是外省小孩，要飾演一個從中國大陸來的人，只需要「把字咬緊」一點就能做區隔。原本有想說要不要講上海腔的普通話？但這樣其他演員也要配合，後來還是選擇用很中性的普通話來演繹。

2021年，《茶金》劇照，李杏飾演夏慕雪。（照片提供／財團法人公共電視文化事業基金會）

湯昇榮：時代性是《茶金》想要強調的，希望重現那個時代。永樂戲院是政商界平時休閒的地方，所以我們創造了夏慕雪這個角色。你自己對於那個「時代」有什麼想像？

李杏：我覺得《茶金》的演員要進入那個時代非常輕鬆，一穿上旗袍，年代感自然就會帶入，還有身旁其他演員的配合，幫助都非常大。京劇本來就是傳統文化很紮實的東西，所以在扮演京劇名伶時，那個姿態、氣氛、感受是立刻會上身的東西。兩個月我總共上了八次課，沒上課的時候就自己在家練習，每天唱一下我的段落；但我沒有幾十年的肌肉記憶，做出來的動作和形狀，和老師還是有差別。這些很細微的差異，只能在上課的時候被老師修正，盡量去記憶。

湯昇榮：有很多劇評非常佩服演員的功力和專業表現，甚至提到「請給李杏一個獎」。《茶金》在美術、氛圍、服裝造型，讓演員彷彿生活在裡面，讓整個表演可以呈現得更細膩。剛剛提到時代性，想問昇豪過去演了很多的戲劇，你覺得《茶金》有什麼不一樣的地方？

演出身分的轉化與辯證，跨越百年臺灣史

溫昇豪：臺灣這一段百年歷史，我很榮幸能參與戲劇演出。從馬關條約到臺灣被割讓，我飾演過苗栗銅鑼的客家義勇軍統領；日治時期要結束之前，我也有演過臺大第一外科主任；到這次《茶金》，國民政府正式接受臺灣，我扮演一位本省籍人士。藉由身分轉化與辯證，呈現這段臺灣歷史，我覺得很感恩。

我在這塊土地長大，滋養我的不同文化造就我成為現在這個樣子，能參與到關於臺

灣歷史定位的戲劇演出，我很榮幸。主題是客家文化的新突破，我想要講我的父親以前不特別強調自己是客家人，因為我爺爺一脈從1960年代就從屏東到臺北。當時生活在淡水河左岸，三重、大稻埕一帶有很多閩南人聚集，爸爸讀太平國小，客家裔的孩子在這邊生活相對卑微，導致他的客家身分有點「隱性」，我自己覺得他對「客家」沒有特別深刻的認同。

直到我在2007年左右，和吉興大哥開始拍《幸福派出所》，我和我爸說：我要開始學客語、要去客台拍戲，他忽然就有點興奮，感覺眼淚要奪眶而出。我那年差不多30歲，他就跟我說你是客家人，你本來就

温昇豪

臺灣演員。曾獲金鐘獎戲劇節目男配角獎、華劇大賞最佳華流明星獎等，多次入圍金鐘獎戲劇節目男主角獎、男配角獎。《茶金》中飾演KK（劉坤凱）。演出作品有《俗女養成記》、《我們與惡的距離》、《火神的眼淚》等。

要講；但我在30歲之前，他從來不會這樣跟我說。某種程度來講，這個文化已經不是弱勢，不用貼標籤像節儉等等，在我們這輩身上已經看不到這些。

臺灣是一個多族群的移民島嶼，整個中國大陸不同的語系、飲食文化、生活態度全部移民到臺灣來，有別於其他華人社會的生活樣貌，客家文化則是其中的一個分支。

文化沒有高低之分，所以也不用像我父親那個年代一直說「客家人被歧視」，現在應該用多元包容的態度，用嶄新的方式去包裝，《茶金》就是非常好的例子，包含客語歌曲創作，大家也不會覺得像山歌一樣有點土氣。方言歌曲不再制式，影視作品是新一代認識客家文化的切入點，認為它有別於平常看到的大眾文化而去接受、研究、喜愛，最後學著共處。

湯昇榮：《茶金》的語言多元，第一集開始就在印度。我們想要做一個斷代的故事，一個時代下茶商的故事；先把時代和歷史的細節做對，再去想如何把這些斷裂的關

2021年，《茶金》劇照，溫昇豪飾演劉坤凱。（照片提供／財團法人公共電視文化事業基金會）

係串起來。其中有愛、有互助，大家在故事線中一定有感受到這些心情；我們沒有著重於文化的差異，而是從那個時代呈現的情感面貌入手，這個戲劇才會成功。開始做客家戲劇，從各個主題來入手，不曉得童毅軍認為《茶金》有什麼特殊之處可以分享？

脫口而出的日常話語，自然流露的真情實感

童毅軍：我覺得最不一樣的就是海陸腔。客家電視開台以來，都是用四縣腔，到了《茶金》選用海陸腔。一開始，湯哥找演員非常頭痛，都找不到人；找四縣腔的人講海陸腔，音會不標準，反而更糟，還不如找不會客語的人。我想了很久，來演這齣戲好像用自己的「母語」一樣，因為我身旁很多客家人，我太太也是客家人。

湯昇榮：劇裡面很多用詞都很古早，年輕人都不會。

童毅軍：都是爺爺奶奶講的，現在年輕人不會用，但我覺得我小時候有聽過。演這齣戲，劇本拿出來，就靈光一閃，我相信如果客家人有看《茶金》，會知道這種感覺，不像是背劇本，而是脫口而出、平常講的話。這種的對話才會感人，而

童毅軍

臺灣演員、歌手，客家女婿，演出許多部客家電視劇。《茶金》中飾演林勤男。演出作品有《大債時代》、《誰是被害者》、《無主之子》等。

不是按照腳本那種八股文字，術語詞彙都很硬、很奇怪，還是要按照客家話的用詞比較自然。很多人講說我是客家人，我現在感覺我也是客家人，我媽媽閩南人、我爸爸外省人、我太太客家人，但我以前其實並不知道我們講的是不一樣的。

湯昇榮：剛剛童哥點出，過去的客家戲劇中，講海陸腔的真的很少，連續劇完全沒有。其中一個原因也是講海陸腔的人比較少，找演員比較困難。先拋開語言問題，這麼多年，客家戲劇在客家社會中取景，幾乎都在客家庄，《茶金》這次做得更大，你有感覺到什麼不同嗎？

童毅軍：《茶金》所拍攝的，是真正發生的故事，無論故事和演戲，真的都不同。說實話，一開始客家電視拍出來的東西，因為製作經費很少，製作人和導演也不是客家人，團隊製作出來的品質比較差。我不是稱讚湯哥，我是說《茶金》並沒有賺錢，還賠錢，真的為的就是文化，客家的東西不是每個人都可以拍的，不認識這個文化的人拍不出來。

湯昇榮：我從2007年在客家電視，就改變自己的方向和想法：第一條路線是將臺灣文化裡，呈現出更多客家的東西，不過這樣可能調性就會迷失，所以第二條路線就是做新題目，比如《飆！企鵝里德》等，那時我們想提拔年輕人，做與時俱進的題目，於是就有了這兩條路線。從那時開始，找到適合的人才，慢慢才可以做出這種東西。到《茶金》，是花最多錢的客家戲，觀眾能感受到品質，也給了我很大的啟示——要被大家看到，就要做到極致，不能隨便做。接下來請溫吉興分享一下。

客家人的文化到底是什麼？身分認同的反思

溫吉興：一聽說客家電視準備拍《茶金》，而且是用海陸腔，我就趕快來報名。我從小聽我爸講家族故事，阿公是如何從新竹關西到花蓮臺東挑樟腦。變成一個臺北人、劇場人、表演人、文化人之後，我開始反思身分認同的問題，開始想講我阿公的故事。但用客家話說阿公的故事時，我說不下去，後來是用國語把表演做完。

溫吉興

客家電視演員，小劇場學校負責人。曾任臨界點劇象錄劇團團員。《茶金》中飾演范友義。演出作品有《天橋上的魔術師》、《失控謊言》、《烏陰天的好日子》等。

我從小就很憂鬱，進了劇場也很憂鬱。回去家鄉以後，我是家族裡第一個大學生——在聊天當中，他們總會顯露出「他是臺北人，是國語人」，在使用語言方式上，我又更憂鬱了。剛剛聽安楨和李杏在講表演和語言的問題，其實安楨的客家話講得很正，我還有點嚇到；李杏又要同時做京劇和講特別的語言。演員在使用語言，都會膽戰心驚，因為有一種隔閡，特別是背的，戲演完也不會講那個語言，這對所有的表演人都是個重要問題。

主題是客家文化的新突破，我覺得《茶金》有大鳴大放的感覺。小學時還有「禁方言」，講方言還會罰十塊，那時學校禁的是閩南語，因為中午會播「黃俊雄布袋

2021年，《茶金》劇照，溫吉興飾演范友義。（照片提供／財團法人公共電視文化事業基金會）

戲」。我那時候還想，禁的是閩南語，跟客語沒什麼關係。

客家人的文化到底是什麼？在《茶金》，我看到了臺灣就是一個語言的熔爐；但是我聽到別人說我客家話不標準，就會覺得很丟臉、很難過，像劇中「茶」的發音，我就一直被糾正。《茶金》點出在環境裡，如何使用語言溝通。在身分認同上，我可能還要繼續憂鬱下去。而臺灣不只有客家人，其他人也可能會遇到身分認同的問題。

湯昇榮：來臺北的客家人一定會河洛語，有時候還會別的話，比如做茶葉外銷，有時還會廣東話、日語、法語、英語等。學多種語言其實不辛苦，反而有種新鮮感，畢竟是那個時代的自然語。我看臺灣的時代劇全部講華語，就會覺得不真實。

童毅軍：《茶金》除了在語言上是一個熔爐，其實裡頭也有各式各樣的人，都移民到這個海島上。像是KK（劉坤凱）的角色，很認真推動化肥的工作，他說：「對農民好的事情就要去做。」郭哥也讓我感動和認同的一段是，他覺得寧可賠錢，也不能讓農民餓肚子。《茶金》讓我感受到屬於我們這個族群，善良與感動的部分。

對臺灣族群的認同，對臺灣土地的關懷

湯昇榮：當初在看這個故事時，講到文化上男女分桌吃飯等等細節，在這些過程中，我們會不斷把腦袋裡屬於那個年代，或自己族群的內容丟出來，變成劇本的一部分。

溫昇豪：我看到的是，對這塊土地的認同，包含KK和吉桑在做的事情。當你認定這塊土地是未來子孫繁衍的「應許之地」，對它的關懷就會流露在行為舉止上，這也是臺灣當代要去面對的問題。用輪迴的概念來說，《茶金》出現的時間點非常好，在疫情時期推出受到的迴響，回頭去思考這個全球化的時代，是不是應該花點心力在生長的土地，同時撒下一些種子？戲中這些主人公為鄉里付出，放在現在，我們應該要做行為思想上的改變，而不是只把臺灣當成基地或跳板──我們的根也扎在這裡，態度要非常明確。

廖美玲：《茶金》在推動客家語言和文化的過程有很大的幫助，很多客家鄉親看到後，會有種客家的「尊榮感」。現在提倡說母語，當然也引起了很多的討論；不過，在語言的討論上，因為《茶金》，因為你們願意參與，獲得了很多的迴響。講客語可以很現代，可以跟大家一樣平等、在日常生活中被接受。

湯昇榮：官方貼文有很多「想學客家話」、「客家話好優美」的留言，做了這麼久的推廣，一齣戲就做到這樣的效果，我很受寵若驚。《茶金》故事核心有很複雜的設計，剛剛都還沒有談到茶葉的部分，還有台三線的生活、中美外交等等，劇本中都有著一層一層的暗喻，我們在這齣戲放了非常多社會演變的樣態。

溫吉興：上帝說：「萬事相互效力。」《茶金》是一齣客家戲劇，現實是如果要全部都找到會講海陸的客家演員是不可能的。從 15 年前我拍客家電視，都是類似的狀況，《茶金》特別在於，我會看其他演員的表現；看到大家都非常投入在客家話和客家文化裡面，我就覺得我不能輸，要更專注在表演上。《茶金》是無關身分的「一群人」在推進一個文化，的確需要更多的人來參與，影響力才會整個散開。現在客家戲劇不會再有語言隔閡，從《茶金》之後，會有一個新的展開。

李杏：一齣戲可以比硬性政策帶來的效益還更大，這是很深刻的感覺，我一路以來拍戲都會覺得，要一點、一點帶領觀眾去感受。其中感受最深是京劇，開啟我新的視線。我學了以後——雖然只是皮毛到不行的東西——但開啟我對於這個傳統文化的興趣。有人問：你的京劇老師是誰？我覺得這是非常良性的對話，我現在也會想要繼續學下去。

許安植：大家因為看了韓劇，突然激增學韓語的需求，我之前想要接觸客家文化，也是從旅行開始，從生活切入。身邊朋友二刷、三刷《茶金》，他們都突然了解到歷史之外的客家細節。我感受到的很大的核心價值是「傳承」。我們很常會把「傳承」掛在嘴上，可實際上不知道怎麼去處理，沒有施力點。像是我演的山妹，一開始只是單純覺得自己喜歡做茶，沒有什麼遠大的志業，這種想法很像是我本人，或者是很多的臺灣人，雖然一開始沒有想，但在感受、記得這種精神以後，會慢慢開始想

要幫對方一把，甚至成為其中的一員。當時接到劇本、想要來參與這部戲，演完後真的感受到這個精神。也是這個心路歷程，希望大家能用不同角度來觀看客家文化。

湯昇榮：做客家戲劇這麼多年，還是會討論到標不標準的問題，我欣賞這個差異。但我覺得客家文化，不要只著重在語言上，很現實的就是要「與時俱進」。《茶金》的迴響越來越多，這對我們也是非常大的進步。

延伸
閱讀

《茶金》

由財團法人公共電視文化事業基金會、瀚草影視文化事業股份有限公司製作，財團法人公共電視文化事業基金會、客家委員會發行，2021年11月13日於公視主頻首播，臺灣首部海陸腔客語劇，共有12集，由林君陽導演，徐彥萍、黃國華編劇，徐青雲、湯昇榮製作，連俞涵、溫昇豪、郭子乾、許安植、薛仕凌、李杏、黃健瑋主演。以北埔永光公司茶商姜阿新為靈感來源，故事背景為1950年代的臺灣茶葉產業，講述新竹北埔的茶商，如何在瞬息萬變的險惡商場中，靠著茶葉創造臺灣的經濟奇蹟。被喻為最美臺劇，七個影音、串流平臺劇戲類冠軍，入圍第57屆金鐘獎戲劇類節目造型設計獎、戲劇類節目視覺特效獎、戲劇配樂獎、主題歌曲獎、戲劇節目導演獎、戲劇節目編劇獎、戲劇節目男主角獎（雙入圍）、戲劇節目男配角獎、戲劇節目女配角獎、戲劇節目獎、戲劇類節目攝影獎、戲劇類節目剪輯獎、戲劇類節目燈光獎、戲劇類節目美術設計獎、戲劇類節目創新獎，共16個獎項，（照片提供／財團法人公共電視文化事業基金會）

影劇如何建構族群的主體觀點

時　　間：2022 年 7 月 20 日（三）14:00 至 16:00
地　　點：左轉有書（臺北市中正區鎮江街 3-1 號）
召 集 人：
　　　　　湯 昇 榮／瀚草影視文化事業股份有限公司董事長
與 談 人：
　　　　　林 宏 杰／導演
　　　　　徐 彥 萍／編導
　　　　　張 晉 榮／導演
　　　　　鄒 隆 娜／導演
記錄整理：江 怡 瑄
攝　　影：汪 正 翔

湯昇榮：這是「參詳沙龍：客家深度影劇」的第三場，「參詳」這個活動是關於客家族群的大型討論會，什麼方向、題目都有。大家有時候會覺得客家人只顧著關心自己的問題，實際上客家的問題也可能是世界的問題。如今有很多的族群，在社會裡可能有自己關心的議題，但對大社會來說，其實也是世界共通的問題。必須要提升到另一個層次的高度來看，我們才能看得到客家的位置在哪。今天邀請好幾位我的好朋友，有些朋友有客家血統，有些則沒有。我想邀請他們先來介紹自己，首先是張晉榮導演。

張晉榮：其實我也算是半個客家人，我生長在雲林閩南村落，後來才知道我的外公外婆是客家人。因緣際會下，我很早就接觸到客家戲劇，當時在公視當副導，開始接觸第一部客家戲，客台成立後，擔任導演，連續接了幾部客家戲，之後才接觸到其他電視臺，我跟客家也是淵源甚深。

湯昇榮：張晉榮導演有客家血統，在工作上與客家也有很多的聯繫，他現在主要製作偶像劇，大家看到的偶像劇大多是出自於他之手。第二位是林宏杰導演，請他來介紹自己。

林宏杰：我拍過客台三部劇，最早的是2013年由湯哥製作的《死了一個國中生之後》，再來是2018年《日據時代的十種生存法則》，一直到2022年的《船到橋頭不會直》。

湯昇榮：下一位是電視劇《茶金》的編劇徐彥萍。

徐彥萍：我本來是紀錄片導演，後來跟湯哥一起，寫《茶金》這部連續劇，受邀來

談談影視中關於族群的議題。

湯昇榮：另一位導演現在住在馬來西亞，她嫁給馬來的客家人，請她來介紹她特殊的背景。

鄒隆娜：我爸爸是不會講客語的外省客家人，媽媽是菲律賓人，我十歲前都住菲律賓，後來才搬回臺灣。大學念電影相關科系，畢業後從事短片、紀錄片的工作，主題大多跟移民工相關。

湯昇榮：今天來討論我們如何創作屬於自己的時代、自己的客家。我們花了很多的時間研究客家歷史，和很多客家人的故事。研究這些很有趣，對我來說，我會找那個源流，多多認識自己，之後才能有自信地在這個世界生存。所以當代的生存法則就是慢慢認識自己的血統，然後去認識這個世界，這是建構我的工作、思考上最基本的想法。第一個問題想問晉榮，你本來不知道自己有客家血統，後來接觸客家，你在客家文學中看到客家人的生活習慣、文化，在這之中你學到什麼，個人的想法又是什麼？

以文化為根，向外無限擴展的枝枒

張晉榮：我本來對於客家文學沒有太多接觸，早期我們的學習也沒有這一塊。但一接觸才知道客家很多文學前輩他們做了很多努力，包括賴和、鍾理和等，才發現原來我們有這麼多好的本土作家。他們的生活、時代跟文學產生莫大的連結，這是最深刻的學習。

湯昇榮：所以那時候，別人會不會提醒你，做客家的東西需要用戲劇建構一個族群的觀點？

張晉榮：早期會面臨如何找尋題材的問題，一開始都是從文學作品裡去搜索，後來漸漸去思索是不是有其他相關的題材。比如《討海人》就是這樣思考下的一部作品，以前都說客家是靠山吃山，但海邊有沒有可能也有客家的材料？從文學一直到其他的這些，我們會慢慢地把題材擴展出去，戲劇就是這樣，我們想做更多別人還沒發想過的東西。

張晉榮

故鄉在閩南聚落為主的雲林，但母親的娘家是客家人。雖不會說客語，跟客家戲劇節目卻有著不淺的緣分，從《文學過家》到客台開台的八點檔，以及《伯公討細婆》、入圍的第一部戲《神秘列車》、得獎的第一部戲《討海人》都和客家有關。

湯昇榮：很多戲劇是改編自客家文學的作品，你在做的時候，客家觀點在裡面是如何被建立起來的？也就是說，你寫劇本、拍攝的時候，會不會因為做客家的東西，而更著重於建構客家的觀點？

張晉榮：早期客台的戲劇大多是標案，比如有次的主題是客家女性，我們找了甘耀明的《神秘列車》，但改編時做了一些客家面向的研究。在角色中加入客家人硬頸、父子關係疏離的特點，這也是客家文化的一個層面。比如父子關係，客家人都會說他們跟爸爸都沒什麼話好說，我們會利用這些人際關係創造出客家戲劇的屬性。

湯昇榮：晉榮講的這些事很有趣，臺灣早期沒有客家戲劇。比較有印象的是侯孝賢導演的電影《童年往事》，看得到一些客家生活的元素，但當時一般戲劇就看不到客家的東西。剛開始就是在文學裡面找材料，裡頭有很多對客家的描寫。其實我們有很好的條件製作客家戲劇，不管是客家性格、或父子關係，可以有很多的角色設計。但有沒有一些刻板印象？等一下可以再來討論。接下來是林宏杰導演，他當製片的時候，做了《翻滾吧！阿信》，拍的東西非常多元。剛開始做客家的東西，是《死了一個國中生之後》，這個題材比較特殊，當時有沒有遇到什麼問題？

一顆石頭、一根樹枝，一個創意的指引

林宏杰：《死了一個國中生之後》是因為剛好有個機緣，客台希望用有創意的敘事方法，所以我們把故事線拉到未來，講一群國中生誤傷了一個同學後，這群死黨就疏遠了。在處理題材上，客台最早有文學劇場，介紹一些客家當代文學給大家認識。從十多年前開始就有了另一個說故事的方法，結合現代社會議題，創造一些話題，比如《船到橋頭不會直》，結合了里長議題，在今年春天播出，目的是要搭到選舉年。從《死了一個國中生之後》、《日據時代的十種生存法則》

林宏杰

自由影像工作者。擅長以鏡頭表現出戲劇節奏，因此作品多能出現日、韓劇般的節奏與運鏡。分別以《偵探物語》、《一代新兵八極少年》、《日據時代的十種生存法則》三次入圍金鐘獎最佳導演。

到《船到橋頭不會直》，客台很有心，想把更大眾化的題材介紹給觀眾。

湯昇榮：像是《日據時代的十種生存法則》，這種歷史性的東西跟一般拍片有什麼不同？

林宏杰：《日據時代的十種生存法則》要改編賴和的五篇作品，對我們來說，五根橋墩已經立在那了。所以說我們要處理的是人的問題，是人們在那個時代的掙扎。我喜歡拍喜劇，悲情的調性不是我刻意融合的，是《一桿稱仔》原本就埋進去的。

湯昇榮：想問你，做客家戲有遇到什麼困難嗎？

林宏杰：我覺得做客家戲很幸福，因為我們在創作時，會遇到開展、轉折、結尾的思索過程。但客家有一個「族群」的前提，有了這個之後，我們就可以開始去做田調。比如《船到橋頭不會直》要講跟里長相關的故事，經過跟客家朋友、客台長官討論，「伯公」是一個可以提出來討論的東西。客家伯公像是親切的長輩，客家伯公可以不用是一個很具象的廟宇，可以只是一顆石頭、一根樹枝，它們給了我一個創意的指引。所以在《船到橋頭不會直》裡面有很多奇幻的場景，就是來自這些東西。有客家當背景，我們取得創意變得相對容易。

湯昇榮：用不同的方法做戲劇的東西，有很多的技巧。只要是有趣的，用自己的方法來做，就是跟別人不一樣的東西。接下來是《茶金》的編劇徐彥萍，她本身讀大眾傳播，讀書的時候有想過會從事客家相關的影劇嗎？

受眾想看什麼，才是影視創造出來的價值

徐彥萍：我本身是客家人，所以我不會去特別關注，這是所謂「客家的想法」，我的生活本身就很客家。以寫劇本來說，我們會去想《茶金》針對的目標受眾是誰？我們到底是為了誰來寫？受眾非常重要。我們是要播給一般大眾看的，所以我不會把重點放在客家人在想什麼，重要的是它的內涵、核心價值。所以我寫客家戲，不只是給客家人看，我們想要穿越到比較多的族群，影視的普世價值是大家想看怎樣的戲。寫劇本要富礦精煉。族

徐彥萍

淡江大學大眾傳播學系畢業，北京電影學院電影劇作理論及創作專業研究所碩士。回臺後任紀錄片編導，多次入圍影展，現職為編劇，如《阿莉芙》（入圍金馬獎「最佳原著劇本獎」）、《茶金》、《歡迎光臨二代咖啡》。

群本身就是非常富有的礦，但要很精煉。再來很重要的是想像力，受眾想看什麼，才是影視創造出來的價值。

湯昇榮：我們在做《茶金》的時候，想要做全世界都看得懂的東西，要有一種客家自信是：我就是客家人，做出來的東西就是客家。李安改編的英國小說電影《理性與感性》，他也不是英國人，但他有那個自信去做。所以說我看得出來你對自己很有自信，做《茶金》的時候，你有回老家找資料嗎？

徐彥萍：我家客廳牆上掛兩幅畫，一邊是阿太（客語稱作祖父母）的畫像，另一邊

是一隻豬的畫像。對我來說很有意思，我的阿太旁邊是一條豬，那條豬對我家來說很「風神」。對我而言那兩幅畫印象很深刻，為什麼我家族會掛這兩幅？對我家人來說他們一定是很重要的東西。

湯昇榮：很有趣的是，宏杰跟晉榮非客籍，但卻能做出很客家的東西。彥萍則有豐富客家經驗，我們就看到了兩種創作方式，在影劇創作上，這些路都通。接下來是有部分客家血統，後來嫁到馬來西亞，婆家也是客家人，她有很特別的經驗跟創作養分，想請隆娜來談談。

政治與族群，真正的包容還在前進的路上

鄒隆娜：我的創作養分來自我爸爸，我們以前會去看二輪電影，這就養成我對電影的喜愛。至於為什麼會想做移民工，是因為在看電影時很少看到「我自己」，我很喜歡電影，所以想用電影去講自己會共鳴的故事。剛剛彥萍說她不會想要寫一個所謂「客家的故事」，因為她就是客家人。我很認同，我就是這個族群，所以我也不會去預設要做什麼關於這個族群的故事。阻力的部分，臺灣人對東南亞認識得很少，真正的包容還在前進的路上，

鄒隆娜

菲裔臺灣電影工作者，國立臺灣藝術大學電影系畢業。作品有《阿尼》、《青梅的手》、《十年臺灣》之《942》等，在法國坎城影展、韓國釜山影展、臺灣金馬獎等國內外各大影展獲得展演與肯定。（照片提供／鄒隆娜）

其實東南亞也有很多客家，與臺灣的有一些不同，比如馬來西亞華人客家話會摻雜一些馬來話。有時候在社會情境上，會因為一些族群衝突事件感到受傷，我想在自己的工作上讓這些刻板印象變少，想去講一個更特別的故事。

湯昇榮：隆娜講得我很感動，作為一位創作者，基本的自信在她身上展現。彥萍你開始做《茶金》後，就轉去做原住民的題材，原住民又是一個全新的領域，跟客家很不一樣，這點你怎麼看？

徐彥萍：原住民是跨族群的，同樣的，故事要講給誰聽？對我來說，也是他們想要看什麼東西。所以先找到故事的脈絡，去爬梳原民1970年代來臺北的生活，田調、歷史爬梳出來後，想像他們的眼裡會看到什麼東西。任何一個族群都有刻板印象，跟大家覺得好的部分，我覺得與其去遮蓋刻板印象，不如增加所謂的光環效應。《茶金》播出之後，大家會發現「原來客家也有這個面向」，這樣我們就會更有自信。當我們說「族群」，基本上就是少數，不管是原民、南島族群、客家或東南亞，我會去強調光明的光譜那一段。各個族群有其他的動能，像印度片會有很多的歌舞，客家跟原民也能有自己特殊的敘事方式。

湯昇榮：族群的刻板印象是很容易讓人進入的，但總是這樣去詮釋他們，他們也不喜歡。有人甚至會質疑有些戲裡面講閩南語的就是壞人，好人就專門說華語這種聯想，宏杰這樣的語言問題你遇過嗎？

林宏杰：像《翻滾吧！阿信》就是閩南族群。現在拍戲比較強調自然語。客語裡頭有些倒裝句，對鏡頭設計會有些影響，不過語言只是表現的狀態，這個東西對我而言沒有很困擾。

湯昇榮：你拍過很多不同的劇種，你有製作過要很注意在地觀點、歷史背景的戲嗎？

林宏杰：《八極少年》的故事背景是 2000 年左右，也是在講一個族群。當時蔣經國遇刺，他們去金門找兵，原則是找一群國中生教他們八極拳，白天在侍衛隊，畢業後拿到士官，要當八年的「少年芋仔」。這個東西有點類偶像劇，金門背景只是拿出來彰顯特殊性，但族群議題就被忽略掉了，語言、生活的東西也會省略，偶像劇會要求快點進入主題。

湯昇榮：晉榮後來就開始拍偶像劇了，做偶像劇的概念跟客家的東西不太一樣。對你來說，遇到各種族群問題需要去調整嗎？

張晉榮：偶像劇很公式化、商業化，它有一個框架，不外乎是愛情。客家戲這方面在寬、深度都不同，不是這麼單純地只有愛情。像我後來拍的《陂塘》，是一部偵探推理的戲，還是要加入客家的元素，當時的發想是因為桃園客家先民早期缺水，就大量地挖埤塘，造成很多的閩客械鬥，這些文化背景的東西是我們拍客家比較重視的東西。

湯昇榮：韓國播出《愛的迫降》，就加入南北韓的爭議，韓國人把政治放入，宏杰你如何看韓國人做這樣的議題融入？

林宏杰：我們臺灣觀眾還是很嚴肅的，韓國、美國他們就會演總統被綁架，壞人永遠是北韓。臺灣沒有真正的明星，政治立場又狹隘，很難有這樣的題材。

湯昇榮：製作方在明星以及觀眾接受度上也會有所考量，不管哪個國家，去調和、找到一點方向，《愛的迫降》也大開南北韓玩笑，但它還是可以有愛情的元素。

張晉榮：資方或電視臺願不願意支持你的想法很重要，之前跟客台合作，他們的寬容度很大。像是《陂塘》，客台就很願意嘗試。商業電視臺有框架，他們會看什麼題材比較賺錢，當我們提出天馬行空的想法時，他們就會踩煞車，這是很現實的問題。

湯昇榮：隆娜你的東西比較寫實，間接做出一種平實的敘事。寫實片之外你會想做其他的嗎？

鄒隆娜：比較尖銳的、寫實的題材碰過了，現在也在思考移民工在大銀幕上如何被呈現。我想創造一個氛圍，什麼時候臺灣的移民角色不再是悲情的？觀眾看了之後，會想說他們是漂亮的、令人嚮往的。我在想可不可能培養其他可以演東南亞影視的明星，口音指導也很重要。

湯昇榮：愛情片對愛情的描寫，有很多觀眾看。愛情片這樣一男一女的故事，加上族群、政治問題，大家會比較有興趣看嗎？

鄒隆娜：《愛的迫降》在北韓的部分太有趣了，透過比較輕鬆的導向去看，卻也很有議題深度，會透過電影發現這個族群的故事，又有愛情費洛蒙，這是我很想要去做的。

湯昇榮：《死了一個國中生之後》的題材特殊，未來做戲劇的時候，愛情、科幻的東西加上族群會比較不一樣嗎？

林宏杰：以現在的科技來說，若是現在重拍，有很多背景都是做得到的，但當時預算緊迫下，必須捨棄很多東西。在做田調時，客家的東西可以讓我們找到很多值得模仿「參詳」的價值。

湯昇榮：想問彥萍，你現在也跟紐西蘭有合作，臺灣有自己的文化背景，紐西蘭也有，中間會產生什麼摩擦嗎？

徐彥萍：國際合作下，我們用高視角、高概念來看整個南島語系。我認為兩邊的編劇在概念上面要在同一個頻率，這是種嘗試，不是只做給臺灣人看，是要做給全世界的人看的。這樣的故事說出來，人家會覺得「原來臺灣是這樣的」，對臺灣這個地方是有想像的，這就是種成功。

湯昇榮：過去也有香港人來臺灣拍片，李安他也去拍英國片。想問隆娜，你有這麼多元的生命背景，如果拿到一個與你文化不同的東西，會以什麼作為創作觀點？

鄒隆娜：我和先生長期生活在主流的西馬，聽不太到東馬的聲音。到了東馬，發現有非常多不同的族群，跟我的原生背景不同的語言、生活方式。我試著放下自己的習慣，慢慢地形塑我覺得適合描繪這個群體的方式。

湯昇榮：你現在經歷這些再回去菲律賓拍片，在這些轉換中，會有不同的感覺嗎？

鄒隆娜：長大後再回去浸潤，發現菲律賓有很多的樣貌。比較大的省思是回去想想：菲律賓是什麼樣子的？其實它有更大的豐富性是我從前沒有察覺的，現在回去看，有很多複雜性。臺、菲或其他國家現在面臨一種分裂的氛圍，實際上，即使是

不同國家也會有很相似的社會狀況。

湯昇榮：我有一個很有趣的問題想問大家，如果中國大陸找你們去拍片，你們會接受嗎？文化差異會讓你自我設限嗎？

鄒隆娜：我很好奇我父親外省的背景，但一直沒機會拍，還沒有機會去思考。

林宏杰：現在中國的製作環境是用很好的器材在拍《臺灣霹靂火》。他們的環境是好萊塢陣仗，但只有主創人員拿得到高薪，其他人都很低薪。在中國可以用到好多臺灣不曾用過的技術跟器材，其實只要不扯到政治意識，看看世界其實不錯。

張晉榮：1999年我在當副導時去過大陸拍片，當時他們相對落後，都是以臺灣人的想法為主。現在臺灣偶像劇常常用大陸語法，整個環境倒轉過來了，這很值得我們思考為什麼會變成現在這樣。

湯昇榮：臺灣做偶像劇很出名的時候，大陸都看臺灣偶像劇，大家都覺得臺灣環境很好。韓國亦然，這是戲劇做出來的生活風格，也就是戲劇創作一個什麼樣的世界給大家看。那麼，如何用族群議題創造時代的生活風格？如果是你們，要用族群議題去拍一個什麼類型的片？

徐彥萍：臺灣是很有意思的地方，每一個時代有不同背景的人們，戲劇去爬梳日治時代的生活狀況，我相信1949年戰後的時代，也能像《日據時代的十種生存法則》這樣，去找到歷史的價值。那種娛樂是喜怒哀樂後的產物，是人生的普世價值。把臺灣跟族群加在一起，用類型去包裝，就會讓人看到臺灣跟世界不一樣。

林宏杰：我建議應該呼籲政府把客家戲放到普通電視臺去播，客家戲才會真正受到推廣。讓大家知道，客家題材已經很多元了。

張晉榮：以受眾來說，戲劇如果是要讓年輕人了解文化，就有很多歷史需要被發掘。臺灣的問題是沒有場景，我們想拍這類的戲沒辦法拍，拍攝成本、建構樣貌，就要花更多的心血。我們需要讓下一代更了解這塊土地的東西，可以蓋一個影城來呈現古早先民的樣貌。

鄒隆娜：我嚮往未來的方向是呈現族群的和諧共榮，如果可以豐富化，把大家的故事結合，讓這些人有明星魅力，幾個主角之間要讓人嚮往。我也很同意在商業頻道播出不同族群的螢幕代表，有不同類型的片是很棒的。

2019 年，客家電視《日據時代的十種生存法則》，文學改編戲劇，改編自賴和五部經典作品。（照片提供／客家委員會）

湯昇榮：近來國片《咒》很受歡迎，泰國、印尼、越南大家都有看。最後問問各位，無論是從政府政策，從商業市場做都好，創作人需要如何再進步？

未來的我們能給觀眾什麼

林宏杰：《死了一個國中生之後》放到現在一定是不一樣的拍法，我會慢慢去吸收新知，以及嘗試新的說故事的方式。到現在這個年紀，拍的也會是不一樣的東西，不

斷學習就是創作的動力。

徐彥萍：編劇最難的就是共鳴，思考要跟大家說怎樣的故事。大家要看的是，戲劇提出什麼樣的情懷、觀點給觀眾？它的高度在哪裡？我認為要多看書，人的智慧會增長，但人的情感不會，在情感方面領悟、提升，再把它放到戲劇之中，也是一種長進。

張晉榮：以臺灣目前的狀況來說，設備方面短時間很難突破。就創作者而言，題材方面要突破，就去多看國外作品、書，器材方面只能等待臺灣環境改變。

鄒隆娜：我也是多看書、看片，近期會多去看藝術媒材的敘述方式，不管是肢體、媒材都有很值得學習的部分。我喜歡跟討厭看國片的人聊天，當他們批評我的作品，就代表我的敘事還不夠有共鳴。

湯昇榮：重要的就是自省與自信，那個高度展現出來後，用真心做一定有機會。謝謝大家今天的參與。

延伸
閱讀

《死了一個國中生之後》

2013年7月6日於客家電視首播的臺灣偶像劇，共有四集，由鄭海伯、林宏杰導演，黃雨佳編劇，張善為、高英軒、李辰翔、黃子悅主演。故事敘述三位新移民學生，父母來自越南或印尼，他們能用流利的客語溝通，常被同學欺負，仍熱心助人，卻因同學意外死亡使青春變調，三位學生面臨社會輿論與官司指控；15年後迎來意外的真相。（照片提供／客家委員會）

‖ 思辯場 ‖

茶裡的客家性與
它的未來想像

時　　間：2022 年 1 月 8 日（六）19:00 至 21:00
地　　點：左轉有書（臺北市中正區鎮江街 3-1 號）
召 集 人：
　　　　吳 德 亮／茶文化作家、詩人藝術家
與 談 人：
　　　　古 亦 平／北埔寶記茶鋪第五代傳人
　　　　吳 孟 純／茶藝家、陶藝家、Teafolks 創辦人
　　　　翁 國 珍／陶藝創作家
　　　　黃 正 敏／前臺灣區製茶工業同業公會理事長
　　　　彭 信 鈞／漢記茶廠廠主
記錄整理：江 怡 瑄
攝　　影：汪 正 翔

內外兼銷——臺茶的迷人身世

「我自認世界茶的種類不過是綠、烏龍、紅，摸透了，也就夠了。」高齡80多歲的茶達人黃正敏自信地說。他說自己每天喝茶的習慣是：早上起來喝一杯綠茶，中午喝烏龍茶，下午喝紅茶。從消化到健胃，這是黃正敏先生的養身及養生之道。他可以說是客家委員會與公共電視合製電視劇《茶金》的部分原型人物，除了「茶虎」姜阿新，黃正敏的豐富商戰經驗，也是劇組重要的參考指標。

1982年是臺灣製茶的分水嶺，在這之前，茶農、工、商分治；1982年後，還茶於農，廢除製茶管理規則，茶農自產自銷。看似將銷售權還交農民之手，黃正敏卻

2018年10月17日，Teafolks 於荷蘭舉辦 Tea Party，分享茶藝與臺灣好茶。（照片提供／吳孟純）

吳德亮

作家、畫家、攝影家、茶藝家、資深媒體人、詩人藝術家。曾任《新臺灣新聞周刊》總編輯、《自由時報》主編、客家電台藝文節目主持人等。著作包含詩集、散文、電影原著、報導文學、茶藝文學、旅遊文學等40餘本，如《客鄉找茶》、《客家圍屋》等。

黃正敏

前臺灣區製茶工業同業公會理事長，現任臺灣區製茶工業同業公會、臺北市茶商公會與臺灣區茶輸出業公會顧問。著有《茶徑、茶渣》、《茶人六載話茶》、《茶人・茶事・茶話》等。

說：「這大大地影響了臺茶外銷的機會。」因為茶菁分散，導致產量不足，無法大量輸出國外，反倒讓臺茶就此在國際舞臺上沒落。

關於外銷問題，年輕一輩的吳孟純有不同的看法：「我們開發了很多陌生國外客戶，疫情前我們在荷蘭辦了20場以上的 Tea Party。」吳孟純也坦承，茶菁數量不足以外銷，且東方美人茶的價格對喝慣了茶包的外國人而言偏高，這都是真實遇到的困境。不過斜槓陶藝、茶罐與茶湯研究的她，對於銷售推廣也相當有想法，嘗試與國外餐館合作，品茶同時介紹臺灣茶園故事，希望複製咖啡的銷售模式，推廣臺灣「單品茶」。

臺茶現狀是內需供不應求，這點製茶經驗豐碩、以「膨風茶」獲得製茶比賽茶冠軍榮耀的彭信鈞有深刻的感受：「後來茶農自產自銷，我們為了搶茶菁，成本6、700塊，一個人的工資2、300塊，分攤下來，一個月根本賺不到三、四萬。」彭媽媽當時還到薪資相對穩定的玻璃工廠做女工，種茶的人少了，茶菁更加不可得。近十年來，東方美人茶竄起，內銷市場需要，許多臺灣人開始學著如何「喝茶」，慢慢帶動茶市。臺灣內銷已不平衡，如何談外銷？內銷蓬勃之下，因此茶農們對於外銷的渴望也就隨之降低。雖說如此，彭信鈞不認為這是壞事，既然臺灣人需要茶，他就繼續做下去。

客家神韻——慢慢來的酸柑滋味

除了東方美人茶，彭信鈞也擅於製作客家傳統「酸柑茶」。這種茶的製程繁瑣，完全依賴人力，連茶文化專家吳德亮都說：「要把虎頭柑剖開塞茶角，再九蒸九烤，這是一般人承擔不起的費工費時。」酸柑茶體現的是客家人「硬頸」、「勤儉」的精神，

苗栗頭屋鄉的漢記茶廠,圖中為老闆彭信鈞。(照片提供/彭信鈞)

虎頭柑據說是酸橙與柚子的配種，大顆又美觀，常被供奉於香案前。但並不特別美味，放了一個月半後就會迅速轉黑，於是又被稱作「短命柑」。客家人秉持不浪費的原則，將其製成酸柑茶，這種茶能夠保護氣管，是傳統農工時代最佳療效的「感冒藥」。這是茶人的用心，也是古早時代的生活智慧。

酸柑茶放越久越值錢，吳德亮打趣地說：「現在的茶都要標示保存期限，那50年以上的酸柑茶就應該被允許標上『永遠』。」茶葉如人，隨著年歲流轉，才更顯風韻。接著提到，除了酸柑茶，同樣不想造成多餘浪費，客家人將柚花和茶菁分層烘烤，一層柚花一層茶葉，這樣的茶既香又不會有柚花的苦味。因其誘人的香氣，得以外銷到加拿大，令外國人驚嘆！然而，很多陶藝家很會製陶，卻不會品茶，做的茶壺泡就的茶並不好喝。「日本人來臺灣，說你們都用宜興茶壺，你們臺灣沒有好的茶壺嗎？」身為茶產地，吳德亮認為顏面有失，於是開始提倡：「喝臺灣茶，用臺灣壺」。吳德亮寫了不少介紹臺灣茶壺的書籍，其中最推崇的就是陶藝家翁國珍。

一個好的陶藝創作家，必須懂茶，才能做出好的「茶倉」

四歲就開始「玩泥巴」，曾在法國羅浮宮展覽，以柴燒聞名的製陶大師翁國珍說：「什麼樣的茶放在什麼樣的茶倉，天地人三者缺一不可。」家中三代做陶藝，他喜歡用苗栗出產的土來製陶，外國土雖不容易變形，但出自土地的情感不可取代。「我用故鄉的土，創作出具有鄉土情懷的茶倉，泡我們本土的茶，拿去國際上就有它的

獨特性。」茶具也有精氣神，有藝術家注入的感情，不僅只是工具，更是擁有個人以及在地性的藝術品。翁國珍用手的力量揉土，茶倉保留適當的氣孔，一年四季恆溫，茶葉保存在內才不容易壞。他認為，身為一位陶藝創作家，應該要去向專業的茶道老師學習，了解大小不同的茶倉適合什麼樣的茶葉才對味。

吳德亮揭示翁國珍的閩南身分，翁國珍則笑說，自己鶯歌出生，成長於苗栗客庄。妻子曾警告他，不要向岳父提起自己與客家相關，但他自信地跟岳父說：「我是繼承閩南人、客家人、外省人，三個族群裡最優秀傳統與特色的人。」因為他認同，自己是閩南人，是客家人，也是外省人。在這座島嶼上的人們，來自何方或許並不重要，重要的是我們都在這片土地上扛著熱忱與責任，認真生活。翁國珍接著指出，在臺北其實有很多隱性客家人，他們都會閃躲自己的客家身分，也許是為了不在都市氛圍中「出格」，於是隱身在群眾之中。但不管是哪個族群，翁國珍都努力繼承那個族群的好，不必再強調刻板印象，來自四面八方的大小民族，都有值得學習之處，這也是專業職人異於常人的包容態度。

來自對岸，著名的宜興茶壺常常賣到天價，但翁國珍說他拜訪過做宜興壺的大師，他並不喝茶。「我回來後就想做臺灣茶用的茶壺，陶藝家要懂喝茶，才能夠依照茶的特性做出適合的壺。」還是那句話，製陶，也要懂茶。

日治時期的分級標準，造就寶記的五代茶傳奇

延續翁國珍所言，製陶、製茶工藝「天地人三者缺一不可」。新竹北埔老街上，自1927年始，經歷五代仍屹立不搖的寶記茶鋪，就是天地之外，煞猛打拚的「人」。當談到臺灣近年來，如雨後春筍般湧現的茶品大賽，眾人皆有感。經驗老道的黃正敏

翁國珍將柴燒作品帶至現場與大家分享。

翁國珍

國際級陶藝柴燒資深名家，曾任中華民國陶藝協
會理事長，作品曾獲各項大獎並曾獲英國前首相
奚斯收藏。

彭信鈞

現為漢記茶廠廠主。客家酸柑茶達人，曾獲全國
膨風茶製茶競賽冠軍、全國東方美人茶（椪風
茶）評鑑頭等獎、苗栗縣優良東方美人茶評鑑頭
等獎等。

首發聲：「臺灣要走茶包這條路，不應該一直走高端比賽，這樣大家消費不起。茶的推銷一定要有階段性任務，必須考慮茶的外銷，否則最後一定是有『茶葉』而沒有『茶業』。」吳德亮也說，志在比賽的人去收購最好的茶菁來做，這種情況下他必定是得獎達人。寶記第五代接手的年輕一代茶人古亦平有不同的見解，他說自己不愛念書，國中開始學製茶，高中就接手家中的茶事業。臺灣茶葉比賽開辦以來，他發展自家品牌，也開始做跟茶相關的東西，比如各種材質的茶則，這些都有助於寶記在新時代的永續性。吳孟純也附和，臺茶可以走精緻路線，發展茶園專屬的特色，這些對外國人來說都是耳目一新。

因為電視劇《茶金》熱播的關係，北埔老街遊客大幅增多，所以古亦平研發「美人蛋」，以東方美人茶煮蛋，創造老茶鋪的新商機。不只如此，古亦平也改良四季茶種，比如將春茶做成熟茶，帶有稻米香，是古亦平的得意之作。吳德亮補充，寶記至今仍沿用日治時代的茶葉分級標準（絲丹大、片尼斯、翠絲、美人、膨風、大膨風、特大膨等，絲丹大意為標準 Standard；片尼斯則譯自便士 Penny，因日治時期東方美人茶外銷英國，茶館每杯茶的價格即為一便士；翠絲指已達出口貿易等級，譯自 Trade；而特大膨是「超級美人茶」），全國僅此一家，別無分號。堅持老牌工法，寶記的茶園操作半野放農法，不用化肥催熟茶株，因此可用的茶葉相對稀少，卻也讓東方美人茶成為精品飲料。另外，被浮塵子（小綠葉蟬）叮咬後，植物會產生保護機制，分泌質化素，讓整片茶樹看起來枯敗通紅，不過也因此，茶葉產生特殊的蜜香味，所以說，受過傷不是就此頹靡，卻更加凸顯甘甜風味，就像臺茶從茶金到茶土，至今再度以冠軍之姿專美於前，展現東方美人的堅韌與獨到風味。

新竹北埔寶記茶舖的膨風茶與日本《朝日新聞》採訪寶記茶舖的報導。

創新思維，臺茶的進行式與未來式

走了幾世紀的臺茶過去式，現在的茶葉、茶業如何發展？未來臺茶該憑藉什麼創造新的契機？客委會藝文傳播處處長廖美玲提問，要如何讓年輕人喜歡喝原味茶，而不是去喝手搖茶？吳德亮認為，現在的年輕人會覺得泡茶都是老人的消遣，但喝手搖茶也不錯，其實也在幫助茶葉銷量。比如翰林茶館最早發明珍珠奶茶，把茶飲帶到全世界，讓「珍珠尬奶茶」成為一種風潮。現代人公務、私事皆繁忙，可能沒有辦法坐下來，用工藝品好好喝杯茶，但只要創造一個有茶的環境，慢慢地自然會接觸這門精細的藝術。吳孟純也秀出自家的活動：「我們現在有辦鍋煮奶茶的活動，用原茶葉加喜歡的香料，希望從煮奶茶到愛上喝茶變成一種主流趨勢。」用新世代文青喜愛的方式推廣茶葉，可說是年輕一代掌茶人獨有的創意優勢。

黃正敏身兼紅遍世界的立頓茶品顧問，他揭開茶包的「小秘密」：「一包茶包可能有17個地區的茶混在一起，因為品質的緣故，你不這樣混沒辦法統一品質。」他認為臺茶的未來在小小的茶包內，除了統一品質，各家茶園以及世界各地的茶葉都會被採用，也是一種臺茶外銷。冠軍茶達人彭信鈞家的酸柑茶也在轉型：「只要內容物夠好，泡出來的口感就會和別人不一樣。我們也慢慢在教育消費者如何分出不同

黃正敏，《茶人‧茶事‧茶話》，2012年，臺北：惠美壽茶業。

古亦平

北埔寶記膨風茶第五代傳人，曾獲全國東方美人
製茶技術競賽貳等獎，曾舉辦手作竹「茶則」個
展多次。卓越的東方美人茶製茶技術，還曾驚動
日本《朝日新聞》專程來臺拍攝採訪。

吳孟純

茶藝家、陶藝家，現為歐亞茶人國際股份有限
公司執行長、薩摩亞商 Teafolks Inc. CEO、荷商
Teafolks 執行長、慕悅國際股份有限公司執行長
等，國立臺灣大學園藝學系博士生，專業領域為
茶湯化學與茶具研究。

品質的茶，現在八成以上都是以茶包作為販售方式。」高價茶整體販售的市場不大，於是小茶包容納的是臺灣茶的新未來。吳孟純和古亦平這些茶人後代，也努力經營品牌，讓臺茶走向精緻、個體化，以創新思維帶動臺茶的未來式。

臺茶目前的外銷仍有所阻礙，比如農藥檢驗問題，各國皆有不同的標準，造成茶農莫大的困擾。但茶農們正在找到適切的平衡點，因應藥檢的差異制定不同的策略，雖是「改革ING」，也已經是「上有政策，下有對策」。吳德亮總結：「臺茶未來會很好，因為很多人慢慢在投入這個行業，比如像第五代的古亦平這樣，許多年輕人回鄉用全新的思維與創意讓傳統茶業耳目一新。年輕人回鄉，我們的臺灣茶葉就有希望。」

青農返鄉成為趨勢，臺灣農作因而精緻蓬勃，最重要的是不斷創新，永續性地為島嶼帶來無限天光。

延伸
閱讀

酸柑茶

臺灣唯一特有的緊壓茶。將本欲在祭拜過後丟棄的虎頭柑，切蓋挖空後把果肉混和茶葉及其他調料回填，以棉繩固定，經過繁複的九蒸九曬，費力耗時。成品呈堅硬黑色扁圓形。保存期長，食用時將茶餅敲碎，取碎塊沖泡即可。在過去物質尚不充裕的年代，幾乎是桃竹苗一帶客家鄉親家家戶戶必備的保健聖品。不過隨著國民所得的提高，以及成藥的普及，而逐漸被遺忘。所幸隨著國民所得的不斷提高，以及無毒、有機、養生等觀念的普及，近年來民眾除了追求安全、衛生的茶品外，標榜養生或保健的茶品近年也逐漸風行，使得客家先民留下的寶貴資產酸柑茶又恢復了產製。圖中為彭信鈞帶來的酸柑茶。

在某些可能裡成為我們

時　　間：2022 年 2 月 19 日（六）18:00 至 20:00
地　　點：紀州庵文學森林（臺北市中正區同安街 107 號）
召 集 人：
　　　　　張 芳 慈／詩人
與 談 人：
　　　　　陳 玠 安／作家、樂評人
　　　　　梁 秀 眉／無論如河書店兼居家護理所經營者
　　　　　廖 偉 棠／詩人、作家、攝影家
　　　　　鄭 硯 允／漫畫家
　　　　　蔡 宏 賢／ Dimension Plus 超維度互動創意總監
記錄整理：張簡敏希
攝　　影：汪 正 翔

彼此之間，主客之界

站在不同的角度與思維，對主、客的定義不同，客的定義來自意識，因此它從不是被動產生的。來自香港的詩人廖偉棠，認為自己在這片土地上，是比客家更「客家」的存在，更讓他想到「夢裡不知身是客」這句話。身為創作者，廖偉棠從語言入手，以母語寫詩，算是對邊緣的一種逆襲，試圖用柔性的叛逆來「反客為主」，他說：「我們作為使用邊緣語言的人，對於其他語言，我們能做的就是提供一種意識、一種差異性的感受給主流語言，逼它生變，不是包圍成一個堅不可摧的整體。」因此「客」並不是卑微的存在，而是能主動成為先鋒。又，在父權社會中，母親是嫁來的，母語雖非主要語言，卻是真正哺育孩子的語言，廖偉棠形容自己的創作，就如一直想反叛父親的孩子那般，可以很自由、很叛逆。

無論如河書店經營者梁秀眉，也提出過往在做居家護理時，語言是打開與長者之間隔閡的鑰匙，但過去受到國語運動推行，人們產生講「國語」較高尚的意識影響，母語也被擠向邊緣，自己也與母語變得疏離，她認為「講母語在這個世代變得要很勇敢。」於是她與夥伴將每週三，訂為他們經營的無論如河書店兼居家護理所的母語日，儘管被客人質疑仍要說下去，她說：「我覺得靠

2020 年，失智社區服務據點──淡水海馬客廳，講師梁秀眉帶領無論如河書店志工一起與失智症長輩互動。（照片提供／梁秀眉）

張芳慈

國立新竹教育大學（現為國立清華大學南大校區）國民教育研究所碩士，曾任國小教師。1986年加入笠詩社，1998年與多位國內女性詩人合創「女鯨詩社」。著有《越軌》、《紅色漩渦》、《天光日》、《留聲》、《那界》、《在妳青春該時節》、詩與樂專輯《望天公》，編選客語詩集《落泥》。曾獲客家貢獻獎、吳濁流文學獎新詩獎、陳秀喜詩獎。多首創作客語詩曾由劇團、舞集演出。曾主持《客家細妹寫歷史》、《客家音樂大家共下大聲唱》計畫；作品編入《國民文學選》；曾任臺北詩歌節焦點詩人。

陳玠安

作家、樂評人。曾任金音創作獎、金曲獎、文化部流行音樂企畫補助案等評審委員，並擔任音樂雜誌主編。著有散文集《問候薛西弗斯》、《不要輕易碰觸》、《那男孩攔下飛機》等。曾獲台積電青年書評獎首獎，入選臺灣「年度詩選」。

近邊緣要勇敢，要面對自己的不足，願意去靠近。」

跟著父親參與賽鴿比賽來到東勢，是漫畫家鄭硯允頭一回有出國的感受，因為在當地全都是他聽不懂的客語。但在非客庄地區，客家人總是隱匿在人群中，更遑論原住民。多元族群間的藩籬在近幾年逐漸消失，生活中更容易感知彼此的存在。鄭硯允為《寶島上菜》的作者，這本書以畫筆打卡，記錄南北各式美食，他分享在客家聚落吃到冬瓜封、高麗菜封與粄條的經驗：「光從飲食的切入點就能發現臺灣的豐富度與深度。」美食讓他看見文化何以在這片土地進化又融合，且被發揚光大。

新媒體藝術策展人蔡宏賢提到自己是閩南人，可是他的孩子無法以閩南語溝通，他覺得在不同語言的環境下，能講母語是非常珍貴的事情。他也提出觀察，因為僅能在某些平臺或頻道才能感受到客家，可能導致平常無法自然說客語的狀態。

除了語言屏障外，樂評人陳玠安直言政府推廣客家音樂，只透過客家電視與講客電臺，儘管在商業平臺下廣告，最後總會有「由客委會提供」的字樣，給人的印象並不自然。2001年客家委員會成立，兩年後客家電視成立，不斷試圖將「客家」推往主流市場，2017年再成立講客電臺，客家固然早已成為顯學，可距離所謂的主流，仍難以被劃上等號。

放寬界線，容納可能

客家事務向來只有少數人參與，族群媒體閱聽眾也一直是少數，受眾有限造成客籍音樂人在創作時，趨向製作華語歌曲，甚至是閩南語歌曲，使得每年母語原創音樂的件數偏少。陳玠安認為「在音樂上能做到的，是讓沒有機會聽的人，能因為這個

音樂的豐富度去產生認同感。」一如許多喜歡音樂的人，啟蒙都來自西洋音樂，哪怕對其語言並不熟稔，又如因為喜歡動漫，而自然對日語歌曲形成親近感與認同感。儘管現今文化認同意識較薄弱，但新一代接觸文化的方式也更純粹，其實就取決於「喜歡」二字，若喜歡華語搖滾樂，自然會去聽林生祥的音樂，喜歡臺灣藍調音樂，就有機會接觸黃連煜的音樂。

「客家音樂的認同要成長，不是靠任何東西強烈扶植，不是要什麼語言或語種，音樂就是本能會喜歡的事情。」陳玠安強調無論有多少種語言、強勢語言為何，都是世界語言的一部分，不應自我侷限於臺灣，而是能更大膽思考、放眼世界，就如電視劇《茶金》的成功，讓大家急於想找到第二個《茶金》，然而我們不該將它複製，而是找尋更多能吸引大眾的故事。

鄭硯允補充這樣的問題不僅限於客家，他先前在嘉義東石與布袋，了解大航海時期海盜顏思齊的故事，與當地耆老溝通時，發現他們對這個題材感到排斥，但這樣的素材在漫畫市場上有很大的魅力，能引起人性中潛藏的共鳴，而漫畫訴求的就是共鳴，藉此才能獲得更多讀者，反之倘若有太多路線上的堅持、太講求主題的政治正確、過於畫地自限，只會喪失了其中的可能性。

對此蔡宏賢建議：「我們客家做文化對接時，要很勇敢、大膽，直球對決！」幾年前，臺灣好不容易迎來口蹄疫拔針的里程碑，孰知緊接著又爆發非洲豬瘟危機。2020年於文化部「科技藝術實驗創新及輔導推動計畫」中，有個令人印象深刻的作品：《未來神豬博物館》，藝術家設定了一個平行宇宙，從中探討文明、客家傳統信仰、瘟疫間的矛盾，更引領大家認識義民信仰、儀式與神豬的飼養過程等，蔡宏賢說這個作品雖然看似非常科技化，但也很貼近臺灣，同時這樣的議題應該往國際化

廖偉棠,《一切閃耀都不
會熄滅》,2020 年,臺
北:新經典文化。(照片
提供／文訊文藝資料中
心)

陳玠安,《問候薛西弗
斯》,2021 年,新北:
木馬文化。(照片提供／
文訊文藝資料中心)

張芳慈,《在妳青春該時
節》,2021 年,臺北:
玉山社。(照片提供／文
訊文藝資料中心)

《寶島上菜:中萬華
篇》,2022 年 5 月 31 日
募資出版計畫達標。(照
片提供／鄭硯允)

梁秀眉

無論如河書店兼居家護理所經營者。曾任精神
科、社區護理臨床指導老師，基層護理產業工會
創辦人，性好門診創辦人之一，培訓性健康管理
師，作為護理、心理、性治療專業的整合實踐。

廖偉棠

詩人、作家、攝影家。曾獲香港青年文學獎、香
港中文文學獎、臺灣中國時報文學獎、聯合報文
學獎及香港文學雙年獎等。著有詩集《八尺雪
意》、《半簿鬼語》、《春盞》、《櫻桃與金剛》、
《一切閃耀都不會熄滅》等，散文集《衣錦夜
行》、《尋找倉央嘉措》、《有情枝》等。

2020年,「文化燉工作坊」臺灣與芬蘭同步品嚐11種亞洲苦味藥草。(照片提供/超維度互動)

的方向思考,而非放在小小的平臺待其他人了解、看待。

蔡宏賢又再提出另一個例子,是這幾年與芬蘭合作辦理的「文化燉工作坊」,以飲食為媒介,在烹煮與學習間,找到文化中的異同,進而彼此認識、理解、激盪,如臺灣人愛喝綠豆湯當點心,而芬蘭的孩子回家後則是喝鹹的豆子湯,在當中能看見文化的相似處,也同時產生衝擊。客家文化有否可能如「文化燉」,不斷產生文化上的直球對決,從交流、衝擊中聚攏更多認同與理解?

鄭硯允

漫畫家。曾擔任尖端出版社動漫畫報導月刊《神奇地帶》主編,於尖端出版社《神氣少年》連載《講劍壇》,《聯合晚報》週末版連載《透逗鐵面包黑青》。曾開設漫畫專業網站Toonfish,出版風展《陰陽大裂變》及高明堂《瘋魔劍》等武俠小說,作品《七嵌:儒武者阿善師》、《寶島上菜:北稻埕南國華》。

蔡宏賢

資深新媒體藝術工作者、製作人與策展人,現為Dimension Plus超維度互動創意總監、文化部「科技藝術實驗創新及輔導推動計畫」及國立臺灣美術館「5G沉浸式科技應用實驗場域軟體技術開發與建置」計畫主持人、忠泰美術館《生生LIVES》策展人。曾任臺灣當代文化實驗場(C-LAB)科技媒體實驗平臺資深顧問、威尼斯國際美術雙年展臺灣館《3x3x6》製作總監、《白晝之夜》策展人等。

拉著邊緣往中心凝聚

於梁秀眉眼底，文化能形成一種運動性，尤其在父權社會的框架下，許多習俗、傳統都在凸顯男性的角色與地位，將女性形塑成壓抑、刻苦、擔任照顧者角色的一群人。在長照議題中，最貼近長輩需求並給予照顧的總是女兒，但財產總是留給兒子，身為護理人員，梁秀眉在醫院看到很多這樣的悲劇，也讓她深刻感覺到性別議題的重要性。而在客家文化中，隨意翻看族譜或神主牌，上頭清一色都是男性的名字，女性僅以姓氏與「孺人」二字，出現在丈夫名字之下，逐漸在家族史中被人遺忘，可是在各種祭拜儀式與環境掃除中，女性一直是重要的勞動者。然而性別意識的抬頭，讓傳統產生變化，許多祭祀公業開始推行興建姑婆塔，讓女性可以入祖塔，或製作姑婆牌入宗祠；過去只有在生兒子時會製作的新丁粄，現在也有了為慶祝女孩誕生而做的桃粄，「這都是一個文化的反思。」梁秀眉說道。

大約在十年前，詩人廖偉棠來臺灣時，音樂創作人林生祥正好在新店溪開唱，作家張鐵志邀他一起去聽，他自此喜歡上林生祥的音樂，也逐步接觸更多不同類型的客家音樂。廖偉棠在大學開設兩堂課程講授客語歌詞，課程以林生祥的〈我庄〉起頭，廖偉棠提到香港近十年來特別強調「我城」，而在日本也有「吾都」一詞，都是在講述族群的凝聚意識；接著帶到羅思容的創作，其中他最喜歡的是〈塘虱〉這首歌，歌詞表面上是一首童謠，卻講述生死議題與死亡意識，寫得非常深沉；課程的最後會講到米莎的歌，米莎的每張專輯都有一首與「河壩」相關的歌曲，從一開始唱客家女性一路走來的種種，到現在提及環保，講述環境如何被過度開發，而周圍的人們仍持續歷經生老病死，就廖偉棠看來，這就好像是女性版本的〈我庄〉，「這時我又反過來批判生祥的〈我庄〉了，因為我發現〈我庄〉裡面的女性角色真的是比較少的，所以我對生祥與鍾永豐的推崇中又帶著很多批判。」

參詳會後合照，左起：鄭硯允、陳玠安、梁秀眉、張芳慈、蔡宏賢、廖偉棠。

廖偉棠說他曾去採訪米莎，在那個下午，他不斷問她：「作為一個年輕的客家女性，你所感覺到在這個客家文化的架構裡，你的位置是怎樣的？」他們談到在樂壇中，前後輩間微妙的關係其實仍存在，意味著年輕的世代仍肩負著去反省、去顛覆的使命。

碰撞使彼此的生命經驗形成摺曲

張芳慈有一首詩〈直到天光灑耀每一張臉〉，詩中寫道：

「世界還是這麼暗
我們才開那一小扇窗

當我正推開這扇時

你也點亮了那扇
於是彼此照見將亮的未來
讓所有的窗都透著光吧
直到天光突破重圍
直到天光瀲耀每一張臉」

在每個議題上，每個人都是板塊，在推擠中讓皺摺往上延伸，直至突破雲霄，就像張芳慈所言，無論哪個族群，「我們」都是共同體，族群間本就可以相互幫忙、彼此服務，我們都是文化融合的參與者，將每個人生命中的皺摺層疊在一起，於是形成高低起伏、深淺不一的景色，於是或深或淺的皺摺逐漸變得豐富而多元。

延伸
閱讀

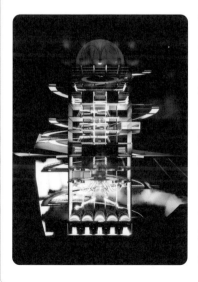

《未來神豬博物館》

為2020年的科幻原型實驗創作展，文化部「科技藝術實驗創新及輔導推動計畫」所甄選出的作品。藝術家羅仔君、顧廣毅二人，為客家神豬實拍影像配上虛構的故事旁白，並剪接進神豬、博物館等3D數位建模之視覺，打造對未來的想像情境。譜寫人們在三百年後面對非洲豬瘟衝擊之際，如何維持客家傳統祭祀文化的矛盾。利用「未來神豬博物館」之虛擬空間的構想，如博物館的空間配置何以回應、儲藏故事，引導觀眾對於儀式、美學、信徒、宗族、競賽，甚至生物飼育等議題的思考，探討宗教以及科技之間的演化與影響。（照片提供／未來神豬博物館團隊）

‖ 思辯場 ‖

我們出發，我們抵達——
當代藝術媒介與客家相遇

時　　間：2022 年 4 月 16 日（六）18:00 至 20:00
地　　點：左轉有書（臺北市中正區鎮江街 3-1 號）
召 集 人：
　　　　　羅 思 容／音樂家、詩人、畫家
與 談 人：
　　　　　邱 豐 榮／戲偶子劇團團長
　　　　　徐 堰 鈴／中國文化大學戲劇學系專任技副教授
　　　　　郭 玫 芬／電視節目製作人
　　　　　劉 慧 真／詩人、文史策展人
　　　　　鴻　　鴻／詩人、導演
記錄整理：江 怡 瑄
攝　　影：汪 正 翔

離開與重返──客家身分是一顆安全氣囊

「身為一個創作人，每做一個作品都是新的出發，新的抵達。」客語歌、詩創作人羅思容這樣形容創作歷程。創作最可貴的是，那些不斷湧動且不為外人所知的梳理與經驗，跨領域的創造則需要更豐沛的文化底蘊與創作力。五位與談人在客家戲劇、影劇、文字、動畫影像等都有卓著的貢獻，客家身分或許是創作的動力來源，卻不是唯一的出發理由。

以《光的孩子》封后的徐堰鈴是苗栗客家人，一路慢慢北上，經過新竹，抵達臺北，如今落腳在文化大學授課。從前與「客家」有些疏離，覺得自己離它很遙遠，經過一番流浪，卻在創作的時刻回到客家的本質。徐堰鈴說，讀高中時發現自己保守的個性與同學都不太一樣，「我時常感覺到這是身為一個人的核心，但又覺得客家人好多規矩。」也曾因此感到困惑不已，不僅是對客語的不熟悉，更為民族文化緊緊束縛。

直至2017年製作《離開與重返》舞臺劇，融入客家題材、元素，在束縛裡看到一種集體的限制，但有時這種限制又帶給她「一種保護的感覺」。當體內那些本來就存有的能量，一點一點能為意識所用，它就不再是單純的束縛，反而成為一顆安全氣囊，防撞，且令人感到安心。因此，《離開與重返》的「重返」是一種有機的再造，雖然客家族群是色彩鮮明、保守的一群，但透過個體的表現，創作者可以試圖表達自己的看法與思考觀點。客家傳統教育總要孩子「不要多說話」，但那個時代已經過去了，他們如今要在自己的時代發聲。

2017年3月24日至26日，莎士比亞的妹
妹們的劇團作品《離開與重返》演出。
（照片提供／徐堰鈴）

血緣不是唯一，我說的是新客家精神

擁有導演、詩人、出版者等多重身分的作家鴻鴻，並不具備客家血統，與客家歌手黃連煜於2018年攜手製作《我是東西南北香蕉人Bananaiana》搖滾音樂劇。鴻鴻笑說自己非客家人，但非常喜歡客家音樂人的作品，尤其是嗓音渾厚的黃連煜。討論初期，兩人並沒有什麼交集，直到黃連煜提起晚清詩人「黃遵憲」，兩人立刻出現共鳴。

黃遵憲輯錄九首客家民歌，收入《人境廬詩草》，是「我手寫我口」白話詩最早的開創者，也是遊歷世界的革命家，同時具備客家血統。當下決定以他的故事為底本，並節錄黃遵憲詩句「我是東西南北人」作為音樂劇名。鴻鴻說，為了減輕演員背詞的負擔，特別安排人偶與黃連煜對戲，以期能讓歌手發揮最大的現場功力：「說是搖滾音樂劇，其實就是他的演唱會。」它可能不是傳統認知的音樂劇規格，但以此為發想，讓歌手自由延伸、變形，傳遞一種當代的客家精神。

2016年9月，黑眼睛跨劇團的排練場，《我是東西南北香蕉人》首演前，黃連煜和黃遵憲的偶身合照。（照片提供／鴻鴻）

羅思容延續關於黃遵憲的討論，提出：「要如何定義客家，客家的未來性如何？要建構客家圖騰嗎？要凸顯什麼客家特色嗎？」黃遵憲呈現的是去民族中心主義的國際觀，他站在對人基本的尊重的立場，也寫生活的細節。在族群、萬物之間，取得了相當程度的相互尊重。但現在的資本主義，一切都是消費、權力導向，該如何用新的視域來談論「客家」？這一點，從

事客語布袋戲創作的邱豐榮或許有答案。

躺下是一種積極的進攻──談客家布袋戲的歷史元件

邱豐榮說自己生性浪漫，喜歡做「困難」的事。對於客家發展，他有特別的見解，因為客家沒有布袋戲傳統，所以他拜師學藝，想做跟別人不同的創舉。他的土地三部曲第一齣戲做的是客家石獅公的故事，猶如河洛人信仰媽祖，講的是早期閩客族群為了爭取水資源，彼此鬥爭的故事。

做著做著，2019 年推出《阿火與 Jean 的福爾摩沙奇幻之旅》，以 19 世紀真實歷史、各種語言為背景，從外國人眼光觀看島內多元族群共榮、客家參與的光景。「我就想說換一種方式，應該要有不同的看法。」2021 年推出《走標！阿勇牯》，結合客家大埔腔和噶哈巫族語，改編自臺中東勢真實歷史故事，同時凸顯客家在拓墾歷史中的正向角色。回想田調時的艱辛，他面露尷尬地說：「只要透過族群來溝通，就一定會出事！」同一民族，各自表述，這是從事田野最艱難的部分。縱然如此，為了呈現最好的歷史教育給兒童觀眾，邱豐榮咬著牙，硬是完成了這齣戲。

「裡面這麼多的角色，有漢人、客家人、生番、熟番，這四種人裡面，客家人非常厲害，在山區打仗是很可怕的對手。尤其是客家人的仰躺射擊法很厲害！」話鋒一轉，邱豐榮提起戲裡很重要的一場客家戰鬥，一旁的徐堰鈴則附和：「躺著攻擊反而成為一種積極的進攻方式。」回到客家的文化弱勢，看似消極，實際上是一種正向的進取。羅思容回應，生存、族群之間的械鬥，有焚風、出草、山洪暴發，「那些衝擊是很野生的力量」。傳統成為一種養分，得以將戲曲、歌謠、地方文史，重新拿來作為客家精神的對話題材。

羅思容

詩及圖像創作者、音樂製作人、策展人。擔任
《中時晚報》、《幼獅文藝》專欄寫作。歌詩作品
《每日》、《攪花去》、《多一個》、《落腳》、《今
本日係馬》，曾獲金曲獎、金音獎、華語音樂傳
媒大獎等。詩文作品發表於《現代詩》、《臺灣
文學季刊》、《笠詩刊》、香港《呼吸詩刊》、《人
間副刊》等刊物。

徐堰鈴

從事劇場表演、導演、編劇、教學，現任中國文
化大學戲劇學系專任技副教授。參與創作《光
年》、《愛是我們的嚮導》、《如夢之夢》、《在棉
花田的孤寂》、《少年金釵男孟母》、《去火星之
前》及《離開與重返》等。曾獲金鐘獎迷你劇集
女主角獎。

重返客語寫作，重新學會的客家話

客語詩人劉慧真認為，客家這個詞彙對她而言，有種召喚的力量。從前並不會講客語，長大後才找老師學習，很有趣的是，她學的是和父親截然不同的腔調。劉慧真說，客家是一個不斷在變動、建構中的東西。那個年代，大家沒有臺灣史的概念，「認同感」還沒有成為一個整體的認知。「客家是一種族群關係式的角度。從這邊輻射出去的東西是什麼？是我一直很想問的問題。」於是她創作客語詩〈歷史講義〉，書寫臺灣史上她認為應該銘記的諸多人物，例如：客籍作家鍾理和及妻子鍾台妹的故事，試圖以客家人的觀點，思考族群的存有價值，以及其他族群在臺灣史中所處的位置。

除此之外，她也關注社會議題，從小燈泡事件到大埔拆遷案，黃連煜將劉慧真的詩譜成一首歌，站在當時將要被拆遷的張藥房前面大聲唱著。從客家視角去看社會事件，也找出客家在其中扮演的角色，以及他們發聲的力量。一句「我們為何不去談論客家人在這裡面的角色？」一面談論客家處境，一面懷想客家人曾經有過強悍的豪情與浪漫。劉慧真現在致力於寫給青少年以上的讀物，新的出版計畫與二二八事件、白色恐怖相關，盼能重現歷史的傷痛與新的詮解。

有別於激昂的歷史詩創作，從事動畫工作的郭玫芬則重重舉起客家文化，輕輕拋撒在兒童的記憶裡頭。

臺灣的童話，人生的願望

本行是新聞產業，有天媽媽對郭玫芬說了一句話，點醒她開始栽入客家媒體產業的

2016年，新竹舊社國小，團長邱豐榮進行新竹市客語深根計畫《布袋戲小學堂》課程鑼鼓教學活動。（照片提供／邱豐榮）

2020年，新竹頂埔國小，團長邱豐榮進行「109年度新竹市客家布袋戲曲製作及校園巡演」《阿元牯回家》演出互動。（照片提供／邱豐榮）

鴻鴻

詩人、作家、劇場及電影編導。曾獲吳三連文藝獎，現任臺北詩歌節策展人，主持黑眼睛文化及黑眼睛跨劇團，並在國立臺北藝術大學電影系兼任教職。曾編導音樂劇《我是東西南北香蕉人》等作品。

邱豐榮

現任戲偶子劇團團長。拜師小西園掌中劇團許王師傅。以「親子觀眾」為經營方向，除客家布袋戲及兒童劇外，體認到臺灣多元族群的發展歷史，近年開始在演出中加入原住民及外國人的故事，期待讓下一代在戲中認識自己以及這片土地上的文化。

樂趣之中：「你能不能做別人懂的事？」參與過客家電視製作的第一部連續劇和其他政論節目，她發現和自己想的不太一樣。直到一位校長對她說：「我們的小孩為什麼都聽白雪公主的故事？你能不能找到臺灣的童話？」自此，動畫成了郭玫芬的日常。

從以聲音去形塑客家環境的《咕咕咕》，到體現神豬文化的《阿太的願望》，花了20年，希望自己「越來越簡單」，不斷思考怎樣能夠吸引年輕人，把自己學的專業重新轉譯成一種大眾皆能解的文化面向。「今天帶來幾個動畫，是很簡單的希望小朋友說客語，希望他們可以開口把這個故事說完，我就心滿意足了。」如同《哈利波特》，郭玫芬製造一個可以「修煉魔法」的環境，以「人生願望」包裝頗富爭議性的神豬題材，讓客家文化慢慢深入到孩子的生活點滴。

回應郭玫芬的動畫創作，徐堰鈴深表同感，認為故事是很好的媒介，透過情節，召喚那些遺失的客家庄頭記憶。「我們讀歷史、聽童謠，都要有讓它現身的力量，教育從小感受到多元文化的魅力。」鴻鴻則認為，無論是動畫或音樂，都能令人感受到強烈的客家文化力量，並鼓勵社會秉持開放的心態，包容性地去感受這些媒材帶給人的喜悅。

出發，挑戰，抵達創作日常

徐堰鈴遠離文化束縛，卻在多年後以戲劇形式重返過去的流光；邱豐榮跨領域學了布袋戲，將它變成傳遞客家文化能量的媒介；劉慧真用客家身分回歸，學習客家話、創作客家詩；郭玫芬向外繞了一大圈，回到媒體本業，讓孩子以輕鬆的方式認識客家的童趣。談到「越來越簡單」的哲學，創作人們無不嚮往於此，在複雜的思維激盪後，轉譯易懂的內容，同時包藏著深刻的寓意。

劉慧真

國立臺灣師範大學歷史學系碩士、國立東華大學
社會學系博士。投入客家母語創作以及臺灣文史
書寫,撰述、創作及策展主題聚焦於族群關係、
轉型正義等議題。曾獲臺灣文學獎客語創作金典
獎、吳濁流文學獎,入圍電視金鐘獎最佳單元劇
編劇獎。

郭玫芬

歷任電視節目製作人、導演、編劇,長期從事客
家文化工作。曾任客家電視八點檔《戀戀舊山
線》、客家繪本動畫《捉蝶仔个人》製作人、編
劇,入圍金鐘獎與慕尼黑國際兒少雙年影展;統
籌客家音樂專輯《漂移》,入圍金曲獎。

羅思容總結：「每一個地方都有各自獨特的故事題材與人文紋理，要如何透過教育、戲劇、藝術作品，培養一種對世界的開放態度，是創作最終要抵達的核心。」並以「優雅而自由」鼓勵創作人，以簡單、輕鬆的姿態，不斷製造嚴肅而饒富趣味、值得思索的議題，讓民眾對客家產生興趣，然後感受箇中迷人的魅力。

「出發—挑戰—抵達」，有如喬瑟夫・坎貝爾提出的英雄旅程，他們在藝術領域裡創作不輟，日日出走，並到達令人神往的領地。

延伸
閱讀

《我是東西南北香蕉人 Bananaiana》

結合偶戲、現場樂團、真人與動畫，以輕鬆詼諧的視覺超展開演出的客家搖滾音樂劇，於 2016 年首次演出。由音樂人黃連煜、插畫家洪添賢與編導鴻鴻多方跨界聯手打造，以狂想改寫近代史，用音樂道盡人間苦樂。主角為穿越到現代的清代客家詩人黃遵憲，透過不同的文化背景，借古諷今，反思臺灣的現況以及母語運動的討論，並演繹客語的更多可能性。（照片提供／鴻鴻）

‖ 思辯場 ‖

家與歸屬──走出與回返

時　　間：2022 年 6 月 11 日（六）14:00 至 16:00

地　　點：左轉有書（臺北市中正區鎮江街 3-1 號）

召 集 人：

　　　　　鍾 秀 梅／國立成功大學臺灣文學系教授

與 談 人：

　　　　　米　　莎／創作歌手、金曲獎最佳客語歌手

　　　　　張 卉 君／作家、環境倡議者

　　　　　張 郅 忻／作家

　　　　　劉 崇 鳳／作家、自然引導員

　　　　　鍾 舜 文／膠彩畫家、藝術工作者

記錄整理：江 怡 瑄

攝　　影：鄧 婷 文

山海女子——出走只要轉身，歸來卻要面對

「歸屬非常多樣，用自己的方式再現故鄉這是多重意義的。這一代的你們，有更大的書寫自我的空間。」鍾秀梅教授在國立成功大學臺文系教書十餘載，教學生閱讀日治時期到80年代的客家文學。現在的鍾秀梅，想知道新興的後起之秀，如何思考自己與客家的關聯。走出與回返是青年世代不斷在面對的問題，伴隨而來的矛盾、衝突，形成「近鄉情怯」效應。走出不容易，歸返，卻是更艱難的決定。

在鳳山、美濃成長，棲身花蓮近十年的劉崇鳳說，自己很喜歡東部面山靠海的風景，但也對「回返」感到困惑：「走了這麼遠，爬過高山、出海，為什麼還是覺得沒有回家？」因此開始思考自我的歸屬在哪裡。對劉崇鳳而言，花蓮有旅居感，雖是山海交接的美麗沃土，卻無法讓她扎根。想起小時候回老家，騎阿嬤的腳踏車出門繞繞，去伯公廟後面的化胎睡午覺。那時看著遠山跟田園，有股「歸屬長出來了」的安定感。不過身上揹著家族的包袱，有很多作為小孩不想面對的，劉崇鳳若有所思：「出走只要轉身，歸來卻要面對。但回來不用扎根，我的根就在那裡。」屋下的稻穗比太平洋的浪，更深得劉崇鳳青睞。

2019年，張卉君擔任財團法人黑潮海洋文教基金會海上鯨豚解說員工作畫面。（照片提供／張卉君）

與劉崇鳳合著《女子山海》，出生山城的張卉君也曾駐足花蓮任職於NGO，與黑潮海洋文教基金會開展了逾15年的緣分，以《黑潮洶湧》紀錄

鍾秀梅

現任國立成功大學臺灣文學系教授、鍾理和文教基金會董事、臺灣社會研究學會理事長，曾任美濃愛鄉協進會理事長。曾返鄉投入美濃反水庫運動，研究客家研究、婦女研究、農村、社會運動與全球化研究等議題。著有《高雄縣客家社會與文化：農業生產篇》、《臺灣客家婦女研究：以美濃地區鍾、宋兩屋家族婦女生命史為例》、論文〈西螺大橋推手：李應鎧和他的年代〉，編審《孔邁隆教授：美濃與客家研究論集》（下）等。

米莎

創作歌手。曾獲臺灣原創流行音樂大獎客語組首獎、金音創作獎、金曲獎最佳客語歌手、最佳客語專輯獎等。作品有《河壩》、《在路項》、《百夜生》、《戇仔船》等。

黑潮人的故事，也與吳明益等合著《黑潮島航》。身為家族長女始終惦記著自己總有一天要回家，但沉重的繼承壓力令她望之卻步：「家是有重量的，在還能夠有自由意志時就盡情去體會這個世界吧！但我的關懷始終是跟腳下的土地在一起，那是在臺灣這個島嶼之外無法獲得的踏實感。」淺山、海洋是張卉君心之所向，也是歸屬的具體實踐，無論美濃、花蓮，或者老家埔里，都存在著人與自然共生息的關聯。現在的張卉君在身與心回返的途中，轉換角度將繼承當作一個禮物，深層思索：「回家像是在尋找自我的過程，多年逃離後，反而是要找一條回家的路徑。」情，是最無法置身事外的東西。

此心安處是吾鄉，家外的回返路徑

「家與歸屬實在是終極的追求。」近來跨足主持，在音樂表現有亮眼成就的米莎懇切地說。米莎半開玩笑地說，父親是一個「社會適應不良的人」，不斷地換工作、搬家，間接促成了米莎流動的生命情節。高中就讀北一女，大學到臺南就學，在南部與東部停留了13年之久，那裡就像她的第二個家。其實對米莎而言，遷徙已是平常，看似適應不良的流動性格，卻是適應變化萬千社會的最佳形式。回到苗栗，層層疊沓的山稜充滿「鬼氣」的魔幻，父親一一指認山的名字，米莎說30歲後回家，再見這片山脈才發現這就是所謂的「層巒疊翠」。離家十餘載，對家鄉的山林有更多的發現，創作《百夜生》專輯，數說來自山雨夜的魔幻故事。

身為家中最小的女兒，鍾舜文擁有一個單純快樂的童年，是長輩們從小疼到大的孩子。生於美濃笠山下，研究所時期離家到東海大學主修膠彩，卻沒想過未來要離家。和母親通電話時，母親會要她「沒事不用回家」，鍾舜文回應：「不要這樣說，我想回家，請讓我回家。」其實是家人擔憂通勤時間長，讓女兒太辛苦，這是家人之

間最隱微的互動。自己雖不像米莎一樣流動，但和米莎一樣，置身鄉裡鄉外都充滿安全感。出走之後，鍾舜文藉由這個方法，找到家外的回返路徑：「當畫到家人的形象時，才覺得心裡是安定的。我畫阿嬤的頭髮時，就覺得很有安全感。」在旅行、出走與歸返之間，鍾舜文也曾移動到中國、池上，她說自己也在比較外鄉與家鄉的同與不同，出走也是在找「家的形狀」。

歌手米莎在流動中，感受到「此心安處是吾鄉」，日久，他鄉也可以是故鄉。她說「人要做一個家給自己」，寫字、唱歌也是在形塑「家」的形狀，年歲夠大了，才有辦法轉過頭來把原生家庭放入這個自己製造的安全領域裡面。鍾舜文則是一個相對的典型，幾乎不曾離開原生家庭，一朝走出「家」的領域，竟也在繪畫中找到回家的途徑。家的形式很多元，能令人心安之處，無論家裡家外，都是真實的回歸。

牆上的九重葛，家內的聯合國

祖父曾到越南工作，越戰結束後，帶著家人回到臺灣，張郅忻小說《織》，深刻記錄這段家族歷史。家族的組成和流動史，都與東南亞相關，促使張郅忻書寫家族，也透過認識阮氏貞老師，轉身回顧家裡那個「聯合國」。前作《我家是聯合國》、《我的肚腹裡有一片海洋》，寫自己的家，也寫移民女性的溫厚堅韌。

「寫阿公的故事，也寫了我們家的房子，遠遠地可以看到交織在一起的九重葛，我一看到就知道那是我的家。」張郅忻說，阿公到越南工作是為了買一幢房子，讓全家人住在一起。當初阿公阿婆逃難回到臺灣前，除了行囊，只帶了一株九重葛，後來九重葛成了房屋外牆的標誌。她自己回到當年的西貢（今胡志明市）做田野調查，在異地發現的種種，都成了小說的養分來源。「他好像在為我引路，」前往華人住的第

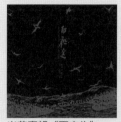

米莎專輯《百夜生》。

張卉君,《黑潮洶湧:關於人、海洋、鯨豚的故事》,2016年,臺北:網路與書。(照片提供／文訊文藝資料中心)

張卉君、劉崇鳳合著,《女子山海》,2020年,臺北:大塊文化。(照片提供／文訊文藝資料中心)

劉崇鳳,《回家種田:一個返鄉女兒的家事、農事與心事》,2018年,臺北:遠流。(照片提供／文訊文藝資料中心)

張郅忻,《我家是聯合國》,2013年,臺北:玉山社。(照片提供／文訊文藝資料中心)

張郅忻,《我的肚腹裡有一片海洋》,2015年,臺北:九歌。(照片提供／文訊文藝資料中心)

鍾舜文〈燦〉,2005年,紙本膠彩。(照片提供／鍾舜文)

鍾舜文〈默〉,2004年,紙本膠彩。(照片提供／鍾舜文)

張卉君

現為作家、黑潮海洋文教基金會董事、海上鯨豚
解說員。曾任黑潮海洋文教基金會執行長、美濃
愛鄉協進會研究員。著有《女子山海》、《黑潮
島航》、《黑潮洶湧：關於人、海洋、鯨豚的故
事》、《記憶重建：莫拉克新開災誌》等。曾獲
葉紅全球華人女性詩獎、花蓮文學獎、全國學生
文學獎、海洋文學獎、鳳凰樹文學獎等。

張郅忻

作家，國立成功大學臺灣文學系博士。著有散
文集《我家是聯合國》、《我的肚腹裡有一片海
洋》、《孩子的我》、《織》、《海市》。曾於《蘋
果日報》撰寫專欄「長大以後」，《人間福報》
副刊撰寫專欄「安咕安咕」、「憶曲心聲」。（照
片提供／張郅忻）

五區路上，長著許多九重葛，她想起家的外牆，想起屋家的人。

鍾秀梅對新生代客籍創作者的「走出」與「回返」有諸多肯定：「你們用自己的方式再現故鄉，讓家有了多重意義。創作來自生活，有血緣的、地理的，從一草一木到親人，都非常有意思。」張郅忻的家族正是這樣的歷程，從地緣、血緣、草木，建構屬於自己的走出與回返，建立對家族標誌的依戀。

在異地尋找相似的形狀，和熟悉的安全感

旅居在外多年，需要調適的很多，面對那些既熟悉又陌生的街道，才發現跟自己的家一點都「不熟」。當故鄉變成異鄉，創作者們都在思考，如何在過去與未來、家裡家外之間游刃有餘地生存。

漂泊浪蕩到遠方，劉崇鳳回家後，對腳下的土地、家務、農務，甚至是庄內的長輩，有更多深入的觀察：「我把目光拉回自己周遭，那種踏實感與異鄉是很不同的，對我而言是很大的滋養。」歸返是一個很大的命題，對張卉君而言，回家也許就是一個對自我生命階段的追尋，和同輩寫作人一樣，她也還在找尋回家的路徑。「你能不能帶著在外面的滋養，再回到曾經滋養你的土地？」家就在那裡，但這個龐大命題，要用生命的各個階段去一一回答。

鍾舜文則同意張卉君對家的思考：「家一直在那個地方，不管你去哪裡，都會去尋找相似的形狀、熟悉、有安全感的氣味。」如今鍾舜文新的創作計畫是描繪母親的樣貌，並擴及到母親的身體局部。十幾年過去了，母親的手跟阿嬤有皺紋的雙手已經越來越像，她用擅長的繪畫語言，記下勞動女性的身體，同時畫下家人身上刻下的

2017-2022年，歸鄉第一年，崇鳳夫妻在自家禾埕前曬穀，引來村民觀望。圖中為崇鳳先生洪榮崇。（照片攝影／劉崇鳳）

2017-2022年，劉崇鳳回鄉耕種，每年五月收割前，劉崇鳳都會邀朋友到田裡跳舞謝天。（照片攝影／顏歸真）

劉崇鳳

高雄美濃客家人。作家、舞者、自然引導員。其
著作或專欄探討人與自然土地的連結。鍾愛高山
縱走和即興創作,為社區大學講師,結合自然引
導與藝術治療,開發相關的農村身體工作坊。

鍾舜文

畫家。作家鍾理和孫女、鍾鐵民三女。東海大學
美術系研究所碩士,主修膠彩。曾任國立彰化師
範大學、實踐大學講師,為《新版鍾理和全集》
與《鍾鐵民全集》繪製插圖,著《那年,菸田
裡》攝影圖文集,目前致力於繪畫創作。

歲月痕跡。新作之後的展覽將會在高雄舉辦，鍾舜文說：「希望媽媽能到現場，看看自己的女兒都在做些什麼。」語畢，她眼裡有光。

「對我而言，回家就是回到一個有其他人的地方。今年要出的專輯，我做得很辛苦，因為要納入他人的東西是很難的，不過對我而言是很好的回返方式。」家對每個人的意義都不同，米莎眼中的家組成多元，她用拿手的詞曲創作，創造一個可以安居的家。張郅忻善於說故事，感受小鎮地景的迅速變化，那些消逝的書局與街道，都是她回溯鄉愁的媒介。近年父親過世，但家族誌的書寫仍在進行：「我正在寫的是渡臺祖那一代從廣東來到湖口，跟平埔族相遇的過程，其實那是一場更大的移動。」書寫新住民之外，張郅忻現在有更大的願景。

新的創作世代，展示了不同層次的社會發展進程，以及不同物質基礎培養出來的氣質，鍾秀梅在他們身上看到無窮的養分：「今天各位的參與和討論，很具時代意義，回返的過程如何面對矛盾及生命的跌跤，就是最好的創作滋養。」

走出與回返之間或許有大大小小的裂隙，透過創作，卻能弭平種種瑣碎，在回家的路上為你遮風擋雨。

苦楝花開的時節——
新竹‧苗栗吳濁流文學走讀

吳濁流故居 ➜ 吳濁流藝文館 ➜ 宣王宮
➜ 劉恩寬古宅 ➜ 苦楝樹 ➜ 金龍窯

主講：甘　耀　明
　　　吳　載　威
　　　李　錦　明
　　　姚　其　中
　　　張　典　婉
側寫：張簡敏希
攝影：鄧　婷　文

前言

蟬鳴鳥叫環繞四周，稻穗逐漸轉黃等待收割，烈日下一行人順田邊小徑走向吳濁流故居，本場走讀邀請到古蹟文化講師姚其中、吳濁流的姪孫吳載威、報導文學家張典婉、作家甘耀明擔任帶領人，從歷史建築、家族故事、文學切入，更深入地認識吳濁流創作中的背景與地景樣貌。

古蹟文化講師姚其中邊走邊講解：吳濁流的父親吳秀源為漢醫，於同輩兄弟中賺最多錢，建起這庭院深深、兩廳相向，原先為一堂四橫屋的老屋。大樹下有客庄常見、獨有的伯公，像靠坐太師椅般，背靠化胎。

路邊立著一座督憲光臨紀念碑，上頭寫道：

從來王者治本於農，庶民富先於教。故政府對於臺灣興農有法，所以造富有之基也。縱我新埔庄之大茅埔地屬偏隅，而農產物頗盛。其中蜜柑一種，稱膾炙於遠近之人，奪錦標於品評會者，匪伊朝夕。本年十二月十四日，新埔庄長葉心榮君復開本 之柑桔品評會，以資獎勵。更蒙伊澤總督閣下及其他貴高官惠然肯來，親視產地。是日也，天朗氣清，惠風和暢，恰當桔綠橙黃之際，榮戟遙臨，遂使遐陬僻壤之間，山川頓秀，一刻榮昭千古，一物名播五洲，其斯為農民生色、國家致富之一端乎。爰勒其事於碑，以表感銘，以垂紀念。──清庠生藍華峯撰

姚其中說明，乾隆年間竹塹社衛阿貴到新竹新埔開墾，嘉慶年間鹿鳴坑人楊林福自廣東陸豐引進柑橘，而後大茅埔成為椪柑種植示範區。大正14年，曾言要當全臺灣的總督、命名蓬萊米的伊澤喜多郎前來視察地方農產業，吳濁流的父親與地方仕紳

督憲光臨紀念碑，立於大正 14 年（1925 年）。

們，為歌頌總督蒞臨特立此碑紀念。

相較於鐵血作家筆下對政權的忿忿不平，隔著一片田，屋裡屋外在時空轉換間，能看見時代背景下的矛盾。

反抗因子隱隱浮動，以筆代劍劃開時代真實樣貌

吳濁流姪孫吳載威談及吳濁流於師範學校畢業後，曾任職於自己的母校──照門國小。期間見識到種種日籍與臺籍教師間的差別待遇，一次因參加新竹州教育科舉辦

的教育論文比賽，寫了一篇題為〈論學校教育與自治〉的文章，不僅被日本當局視為劣等教員，更因此被調任至苗栗西湖公學校服務。

「吳濁流之所以這麼有名氣，是因為他在當老師時，寫了《亞細亞的孤兒》。」《亞細亞的孤兒》與《無花果》、《臺灣連翹》構成「孤帆三部曲」。吳濁流以日文完成《臺灣連翹》後，由於內容敏感，因而將此作品交由鍾肇政保存，並交代必須要「待後十年或20年，留與後人發表」。

吳先生生前即留下一紙小箋，要我在他過世後，在他墓碑上題字：「詩人吳濁流先生葬此佳城」。想像中，吳先生或許是以「詩人」自許的。廣義地說，一切文學家都是詩人；不過如果吳先生允許我擅作主張，我倒願意在題字時，在詩人兩字上面加「鐵血」兩字。吳先生在他的作品裡所顯示出來的，我以為就是永遠不屈的鐵血之

吳濁流故居，約建於1840年，為三合院建築。

魂。有這種精神的文學家,在整個中華四千年的文學史上,恐怕難得找到幾個。僅憑這一點,吳先生便可以不朽。——摘自〈鐵血詩人吳濁流〉

吳濁流於西湖定居執教15年後,調任關西公學校馬武督分教場,也就是現在的錦山國小。吳載威描述,當時在馬武督分校,因一次督學出手打臺灣教職員們的頭部,吳濁流倍感屈辱,為同仁抱不平,憤而離職。而後前往中國南京,在汪精衛政府下,任南京《大陸新報》的記者,見識到臺灣人在日本人與中國人間,皆處於弱勢的狀態,一年後便回到臺灣,陸續擔任《日日新報》、《臺灣新報》、《臺灣新生報》、《民報》記者。

日據時期至民國初年,壓抑、恐怖的社會氛圍,或許止住了發聲的機會,但吳濁流手上那支筆從未被噤聲,哪怕是等到作家離開後,這些歷史證言才被看見與重視。

老屋內流淌著吳家人的故事

吳載威說吳家祖先自廣東嘉應州蕉嶺縣渡黑水溝來臺,夫妻倆帶著一個孩子落腳新莊,後因閩客械鬥牽居至大茅埔,除耕作種植外,也做生火照明用的花生油,客語稱之為火油,因而致富,買下幾乎整個大茅埔的土地,成為地方望族,到了第二代,因沉迷鴉片與賭博,逐漸家道中落。

吳家除了作家,還出了一位國軍飛行員,他是吳載威的大哥吳載熙,曾歷經臺海戰役、八二三炮戰,亦曾被遴選加入U2高空偵察中隊前往美國受訓,而後加入國共內戰時期,犧牲最多的部隊——黑貓中隊,共圓滿完成六次偵察任務,但在一次上空訓練時,因飛機故障而殉職。吳載威驕傲地告訴我們,在那個年代當上飛行員的客

家人是少之又少。

吳濁流故居同時也是吳載熙紀念室,滿滿的簡報與照片陳列於眼前,他們的故事就
這樣在這老宅內流動、交錯著。

吳濁流生命中的第二個故鄉

一入西湖感故鄉,似曾相識出迎忙。
青山不改當年態,到處花開蝶影香。──〈重訪西湖〉

宣王宮前,一望無際的稻田井然有序,田間小路如流水彎彎繞繞,中間以一座小橋
連接,客庄小村落的樣貌令人流連忘返。

宣王宮,前身為雲梯書院,建於道光20年(1840年)。

作家甘耀明凝視著稻田，像在說自己的故事般，娓娓道出吳濁流來到西湖時的景況。當時西湖沒有交通工具，吳濁流乘火車至銅鑼車站，聽說要轉乘製糖會社的臺車，可時逢製糖業不景氣，臺車如廢軌，還好製糖會社的日本人主任請一位工人帶吳濁流到西湖。

臺車由生鏽不堪的軌道上徐徐走著，其轢轆聲音特別響，不斷地刺激我脆弱的神經。一村過了又一村，由三座屋、五湖、四湖、三湖，彎彎曲曲、上上下下，如走天邊地角一樣的心情，不知道走了多少時間，才到西湖國校……。——〈回憶我的第二故鄉〉

姚其中介紹道，宣王宮原是私塾，提供基礎教育，後來擴建學堂，預備科舉考試，因而改名「雲梯書院」，而後又因日本人來臺禁設私塾，改名為「修省堂」，轉變成鸞堂，讓信徒藉由信仰戒除鴉片毒癮，改建後易名「宣王宮」，是相當少見的民間孔廟，供奉文宣王——孔子。

不久，二人下了古松薈鬱的山坡，走到面臨榕樹廣場的雲梯書院前面。……老人帶著太明向這所古老的建築物走去，因為突然從明亮的戶外走進晦暗的屋內，視界一時模糊不清，過了一會兒，才慢慢看清室內的陳設：室隅有一張大床，床上擺著四方的荼盤，荼盤上封燈閃著暗澹的火光。那昏暗的燈光淒屬地照耀著荼槍、荼盒、荼挑等雜亂無章的鴉片用具，和橫躺在旁邊的一個骨瘦嶙峋的老人。——《亞細亞的孤兒》

從劉恩寬古宅旁穿過一條小徑，大樹圍繞下有另一座伯公廟，一行人圍坐，甘耀明帶領大家輪流讀《亞細亞的孤兒》中，〈苦楝花開的時節〉的章節。日治時期，苦楝

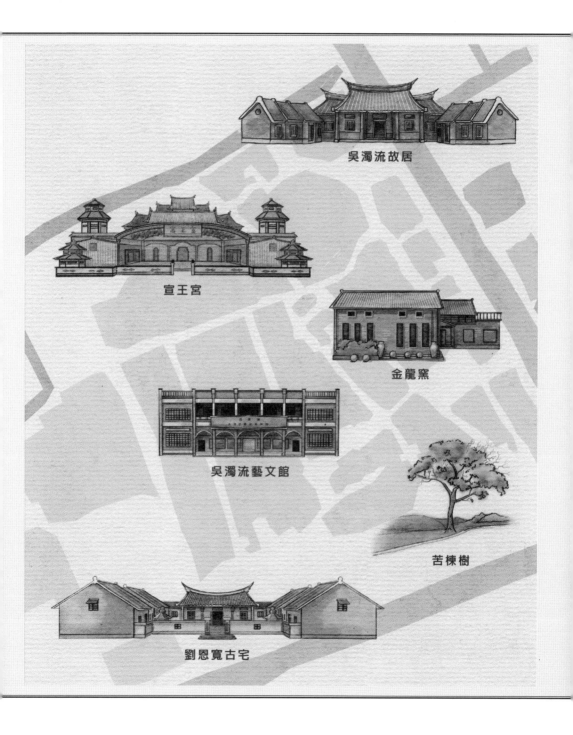

吳濁流故居

宣王宮

金龍窯

吳濁流藝文館

苦楝樹

劉恩寬古宅

花開正逢開學季，主角胡太明的阿公要帶他到雲梯書院讀書，途中阿公講起年少時期在這一代遇鬼怪的故事。「阿公講傳奇故事，隱喻臺灣早期非理性的文化，孩子進入私塾又轉換到理性的世界，從傳統非理性的世界走向新世界，又逐漸走向崩毀。」甘耀明解釋道。

無奈被調派至西湖，歷經15年歲月，吳濁流再回頭看，反而滿是感恩，甘耀明說這偏遠的土地，讓吳濁流免去與日本人產生更多衝突，也不斷澆灌他內心創作的種子，作品中許多漢詩或小說都能看到西湖的景象。

我自二十三歲來西湖鄉，至三十八歲才走，此間經過十五年的歲月，兩校教兩次，西湖鄉實是我的第二故鄉，所以，談不盡萬千的感慨和回憶。……當時西湖因交通不便，日人拿來做左邊的用地，我在此蹦躂了十五年，於今想來實是有幸，不然如果在交通便利、日人很多的地方，就難免要與日人衝突，其結果也不想可知的。——〈回憶五湖〉

甘耀明帶領大家輪流讀《亞細亞的孤兒》中的〈苦楝花開的時節〉。

鐵血詩人柔情的一面

1922年，23歲的吳濁流來到西湖，白天他在小學教書，村人們忙於耕作，到了晚上，區域內的青年男女便會去參加日語講習，他則要在每個夜晚多上「打夜學」（客語中夜校的意思）。有日，吳濁流與另一位老師相約要到苗栗，課後幾位學生同行，吳濁流後來在文章中寫道：「那是我在西湖鄉勤務中感得最富有浪漫的一個插曲」。

課後跟夜學生同行，沿途到了楓樹林以後漸漸減少，將近杜石墓的時候，僅剩四、五人，月光很亮，夜更深了，萬籟俱寂，走得懶了，她們就唱山歌，一個唱過又一個，唱到茶亭，大家就在那裡休息，他們連續唱著不停，整整唱到午夜12點鐘，大家欲別依依。──〈回憶我的第二故鄉〉

甘耀明補充道，那一夜女孩們一路唱山歌，唱得男孩們的心發軟融化，唱著唱著，吳濁流突然感覺到一個女孩的頭枕在他肩上，此刻、此情、此景，他忽然有了想結婚的衝動。甘耀明笑著說這樣的想法過幾天就幻滅了，因為吳濁流的一位學生得了痢疾，他前去鴨母坑探望，發現學生家裡如此偏遠又貧窮，面對孩子生病顯得無所適從，他無法想像日後若自己有了孩子該如何是好？

1925年邱蘭妹至五湖分教場任職，成為吳濁流的同事，兩人逐漸熟絡。1932年時吳濁流因肺結核病，在家休養一年。有天，邱蘭妹從銅鑼走了十幾公里山路，到吳濁流家探望他，那個夜晚，邱蘭妹、吳濁流與吳太太睡在同張床上，三人蓋棉被純聊天，直至夜深。

聽到我的休養，曾是五湖同事的女教員蘭妹來看我。一個女人為了我，從銅鑼走了

十五、六公里的山路，對她友誼之深，禁不住感動。那天晚上和妻三人聊到深夜。翌晨，妻因身體不便，由我一個人送她回去，兩人走過寂寞的田路或山道，我是三十三歲盛壯的男人，對方是二十七歲未婚的女性，兩人的心情也許有一點激動，緩緩的走著，被各種各樣的談話所吸引，不感疲乏，也不覺路遠，送她到五湖村落才依依分手。——《臺灣連翹》

甘耀明以清代蘇曼殊的〈本事詩十首‧選二〉：「還卿一缽無情淚，恨不相逢未剃時。」形容兩人間的情愫。

經過整年的休養，吳濁流在肺結核病痊癒後，復職五湖公學校，認識了生命中另一位紅粉知己，她是同樣任職於五湖國小的日籍教師袖川紀衣。

第二次來五湖教四年，很平凡過日，同事除了日人教員之外，都是友情特別濃厚，日人中有一個例外，女教師袖川小姐與我非常投機，每夜都來我家談文學，因此我也被她感化，走入文學迷途。——〈回憶五湖〉

受同事袖川紀衣的激勵，吳濁流在37歲完成了人生第一部小說《水月》，並被袖川小姐投稿於《臺灣新文學》雜誌刊登，同年又陸續發表〈筆尖的水滴〉、〈泥沼中的金鯉魚〉，其中〈泥沼中的金鯉魚〉榮獲《臺灣新文學》徵文比賽首獎。

後來袖川紀衣調任舊港公學校，兩人不再有見面的機會，直至1970年，袖川小姐到臺灣觀光，才與吳濁流重逢，他們一起爬上獅頭山，愉快的度過整天。為此吳濁流也寫下一首詩：

回憶五湖共事時 鄰居日久喜相知

每逢月夜風清白 花際徘徊興論詩——〈回憶五湖〉

寄語後秀，建立臺灣文學精神堡壘

作家張典婉拿出幾本珍藏的《臺灣文藝》雜誌，供大家翻閱。1964年，65歲的吳濁流獨資創辦了《臺灣文藝》，在人力與財力都相當有限的情況下，自己必須校長兼撞鐘，從編輯到刊物寄送都親力親為，付出無數精力與體力。1969年更捐出用一生辛苦換來的退休金與家用結餘約十萬元，成立「吳濁流文學獎基金會」，鼓勵青年作家創作，作為背後的靠山，願臺灣文學持續萌芽、茁壯。

當時在煥文先生班上，還有一個來自照門鄉間、年紀最大的學生：11歲的吳濁流。……多年後，他在《無花果》一書中曾寫道：「對一年級級任林老師，是打心裡尊敬著。林老師走後，對於每一位老師都不能心服。」……1962年，住在臺北的吳濁流輾轉得知林老師的女兒就是作家林海音。有一天，他終於來拜訪老師的後人，距離他當年受教老師門下已是半個世紀過去了。身材魁梧、濃眉大眼的吳濁流，站在林海音家低矮的日式客廳地板上，顯得特別高大。他稱呼林海音「林小姐」，他的國語有濃重的客家腔，聽起來像是在說客家話，很難懂。——夏祖麗《一位鄉下老師——外孫女看外公》

稻田旁、樟樹下，張典婉帶領大家讀劇，吳濁流的形象、樣貌愈發立體。執教鞭約20年，又先後創辦雜誌、成立文學獎等，吳濁流培育無數英才，桃李滿天下，盡心盡力提攜後輩的他，也是個初心不忘、不負師恩的人。《臺灣文藝》創辦後，他曾對林海音說：「是做了你爸爸的學生才有這樣的傻勁啊！」

吳濁流文學藝術館，張典婉帶領大家讀劇，並分享珍藏的
《臺灣文藝》雜誌。

與客家幫的情誼

林煥文先生是苗栗縣頭份市人，於臺灣總督府國語學校師範部畢業後，被分發到新埔公學校，兩年後回到家鄉，到頭份公學校任職。吳濁流與張典婉的父親張漢文都是林煥文先生的學生，兩人先後就讀於臺灣總督府國語學校師範，是差一屆的學長、學弟。

張典婉作為現場唯一見過吳濁流的人，她印象中，吳濁流是身材圓潤、講話很大聲，每回她父親與客家幫的朋友相聚，她母親都會說：「啊唷！長屁股又來了！」張典婉記得母親會給她錢買魚，她就穿著塑膠拖鞋，頂著烈日一路狂奔到賣菜車前買赤鯮，當時菜車一天只有一條赤鯮，通常在吳濁流來作客的日子，那僅有的赤鯮都會變成他們家餐桌上的菜餚。張典婉的母親會叫她去買赤鯮，是因為吳濁流有糖尿病，因此特別注重飯菜的營養。當年，張典婉的叔叔張子斌參選國大代表選舉，無黨無派，吳濁流來助選，這段往事也被他寫進了作品中。

張子斌是師範出身，對手吳氏（吳鴻森）是醫學校出身，因此老師出身的都支持張君，醫師出身的則同心支援吳氏，雙方都動員各自的親戚朋友，熱烈投入這場選戰，由於各地方都分成兩派互爭，結果社會秩序歪變，再也和日本時代不同了。
——《臺灣連翹》

六穀稻埕滿，沐浴農村美景——西湖

西湖溪流過，小橋連接田路，群山層層疊疊，大家紛紛相約待秋季再來散散步，走過那些吳濁流曾踏上的路途，欣賞他曾觀察到的細節，好似那些水泥路、柏油路都

不是真的，引領大家的是以文字堆疊而來的小徑。

吳濁流藝文館

草地是觀眾席，木棧板舞臺上有樹蔭遮蔽，往微風吹來的方向望去，舞臺依傍著稻田與藍天。一樓是五湖社區活動中心，二樓展示吳濁流的著作、報導、手稿，陽臺邊擺有座椅，很適合坐下來看看書，享受鄉間的閒適。

劉恩寬古宅

姚其中介紹此處風水稱鯉魚穴，後有鯉魚山，兩側水池為鰓，後側兩口井做魚眼，象徵著魚躍龍門。庭院寬敞，設有兩對貢生旗桿座，過往封建時代，考取舉人之上，便可立一對旗桿於祖堂前。一對是1858年，咸豐年間劉錫金、錫瓚兄弟同立，另一對是光緒14年（1888年），劉廷珍偕男貢生聯科同立，兩對旗桿相差30年，為兩代人得了功名後以光宗耀祖。劉家開基祖劉恩寬1760年渡海來臺，自第三代設立私塾，後來私塾變成宣王宮。

甘耀明補充劉家與臺灣文學世家——朱家，有很深的淵源。劉家子孫劉肇芳醫師在銅鑼開設重光診所，其女劉慕沙20歲時，與外省軍官朱西甯相戀，見面不到一天，平日以通信往來，後來劉慕沙決定與朱西甯私奔，劉肇芳醫師既氣憤又無奈，最後只能成全他們。劉慕沙與朱西甯育有三女，是臺灣文學界相當有名的三姊妹作家：朱天文、朱天心及朱天衣。

劉恩寬古宅，建於乾隆25年（1760年），為三合院建築。

黃金小徑上的苦楝樹，呼應吳濁流〈苦楝花開的時節〉。（照片提供／文訊文藝資料中心）

金龍窯，第三代窯主李錦明介紹窯燒文化。

黃金小徑上的苦楝樹

稻浪搖曳，平坦的道路環繞鄉間，田路旁有一棵苦楝樹，與臺東伯朗大道上的樹同樣被稱為「金城武樹」。

唯獨不斷踏尋，文學荒野才會成路

車子往山區駛去，路彎曲且逐漸變得狹窄，終於抵達「金龍窯」。早期李依伍先生由福州渡海來臺，生產水缸與酒甕起家，如今窯廠傳到第三代李錦明手中，沿襲傳統的同時，因應社會改變將部分產品轉型客製化，融入客家元素大量生產，李錦明說為讓窯廠能夠永續經營，未來可能會開放觀光體驗，李錦明也提到老一輩的製陶師們都不在了，傳統柴燒「登窯」逐步走入歷史。

時間的流逝無法追逐，文字、地景、歷史、時間停滯所留下的美，要透過不斷關心這片土地，與有意識的踏尋，才能永續留存下去。

金龍窯作品。

藥學詩人與水果之鄉——
苗栗卓蘭詹冰文學走讀

詹冰故事文學館暨饒平客語園區 ➡ 詹冰故居 ➡
崟崙廟 ➡ 繼述堂 ➡ 智和醫院
➡ 老庄中角伯公 ➡ 饒平文化協會 ➡ 老庄溪溪畔

主講：詹　佩　芬
　　　詹　前　裕
　　　蔡　其　昌
　　　謝　鴻　文
側寫：陳　心　怡
攝影：鄧　婷　文

前言

本場「參詳‧當代客家文藝沙龍」走讀活動，主題是「藥學詩人與水果之鄉——苗栗卓蘭詹冰走讀」，邀請兒童文學作家謝鴻文，為一隊文藝創作者導覽詩人詹冰的文學地景。

芒果樹下的聚會——詹冰文學故事館

來到水果之鄉，循著卓蘭鎮圖書館詹冰詩作外牆走著，就會看到啟用不久的詹冰文學故事館園區。眾人圍坐在園區前的芒果樹下，欣賞卓蘭國小師生動人的演出，不僅以客、華語朗誦呈現詹冰詩作〈插秧〉、〈連日大雨〉與〈我的日記簿〉，更演唱客語歌謠〈客家山歌序曲〉、〈禾埕記趣〉及〈桐花樹下喔喔孺〉搭配客家八音呈現，為本場走讀拉開序幕。

詹冰文學故事館園區，欣賞卓蘭國小師生演出。

立法院副院長蔡其昌特別受邀前來，分享與外公詹冰互動的點滴回憶，並首次以政治人物身分在公開場合讀詩。鮮少人知道蔡其昌原本專攻歷史，而且關心臺灣文學史。他很少在公開場合侃侃而談自己的外公。不過，話說回來，他也是在

念小學時，讀著暑期輔導課外讀物中出現外公的名字，回家跟媽媽「求證」後，確認課本上的「詹冰」是如假包換的外公，「我才開始覺得外公有點偉大⋯⋯。」要拐一個這麼大的彎，才知道心中和藹的長輩是文學家，那是怎樣的一種既熟悉又陌生的距離？

面對外公這種似近又遠的感覺，也像小時候跟著媽媽從清水回卓蘭娘家的路上。「印象中，那是一條漫長的路，坐車時間好久好無聊，覺得好遙遠。」長大後的蔡其昌回看這一段路，當然並不遠，兒時記憶中的感受，那路程仿若探索不完的世界，也像外公，如此無邊無界、如此巨大。不諳客語的蔡其昌，雖然使用的是華語，然而讀著詹冰的〈蝸牛〉，字字句句的聲韻，鏗鏘有力卻不失感性。

〈蝸牛〉
不行動
我就寫不出詩
背著螺旋形的家
舉起觸角的天線
接收靈感的電磁波
慢慢地我寫詩
我的稿紙是石頭　樹幹　綠葉　花朵
我的身體就是我的筆
我的血淚就是我的墨水
我的詩是以全心全力來寫
陽光下
我希望我的詩

射出生命的七色光譜

不斷地我要寫詩

寫到不能再動的那一天

蔡其昌形容詹冰的詩，「有種清澈感」，特別是年過50之後，應該是到了當年外公的年紀，他愈加能夠體會外公在想些什麼。母親是外公最小的女兒，當年嫁到隔著一條大安溪的清水，算是遠離家園，然而身上流著四分之一外公的血，卻在遺傳學上起了最大的作用，讓文學成為蔡其昌生命當中不可分割的一部分。也因此，當多數人對於詹冰的印象停留在童詩時，蔡其昌擁有更多的是與外公互動、貼身觀察的點滴記憶。哪怕，只是片斷，對記憶的夢土來說，足矣。

台三線的生活美學

客家委員會楊主任委員長鎮特別致詞，並以鏗鏘有力，卻不失感性的聲韻，朗讀詹冰詩作〈天門開的時候〉與〈椪柑〉。他認為詹冰的文學充滿詩意與純真，讓人回到最單純的環境中。他表示，台三線是客家文學、藝術、音樂的發源地、透過建構紀念館、文學館逐步將這些藝文人士帶入社會，讓大眾更加理解客家文化對臺灣的貢獻，「在台三線山裡的人，也是有文化的。」

若非客委會逐步秉持著考古人類學的精神，一點一滴把台三線沿途的時空間大環境梳理出來，接續從中慢慢清理出各種人文輪廓、影像與生命，詹冰可能就會一直停留在眾人「小學課本讀過」的模糊記憶中，或明或滅，但他的確為我們的童年學習過程帶來一些有趣的影響。

凝結時空的建築——詹冰故居

詹冰文學故事館原是卓蘭國小日式宿舍，也另闢饒平客語園區，園區牆面布滿詹冰的童詩。聆聽導覽員詳盡介紹建築特色後，眾人來到另一棟日式建築：詹冰故居。著名畫家、東海大學美術系榮譽教授、詹冰姪子詹前裕熱心介紹近百年的故居格局以及家族回憶。

2021年四月啟用的詹冰故事文學館，多年前在尋覓館址時，一度屬意詹冰仁愛路的故居，因當時詹前裕的父親——詹益鄉還在世，因此改以卓蘭國小旁日治時期遺留

詹冰文學故事館。

下來的宿舍作為基地改建。詹前裕教授說，時隔多年，父親過世，他從東海大學退休後，與妻子兩人希望把老家捐出，因此花了不少時間把產權一一購回，以期日後規劃作為詹冰故居紀念館，供人參訪研究。

詹前裕說道，若把老宅售出變現，對家人是最直接的回饋，然而老宅雖已人去樓空，但整體環境依舊完好，而且保有三代以來的家族記憶，「我們家又出了這麼多名人。」若能改為公共資產，會更有意義。

雖然詹冰早在1947年搬離老家，然而他與家人互動密切，偌大的庭院，詹前裕夫妻用心整理，種了蘭花、九重葛、柿子、薔薇、扁柏等，整體格局雖稱不上富麗堂皇，卻有文人素雅別緻的品味。抬頭望見牆上掛著一只鐘，時間停留在12時38分。是午夜？抑或中午？時間存在也不存在，在這空間裡，我們早已和詹冰意識共存同在。

年少時期，詹冰以日文創作寫詩，留日返臺後，開始學習華文，創作方式轉換成華語詩，詹冰的彈性與韌性完全展現在創作歷程裡。包括，即使面對父親承受那樣巨大的政治權力，詹冰始終不失以澄澈的童心看世界，到了晚年，創作仍充滿赤子之心。若非有厚實強大的心靈厚度，又如何能夠這樣面對世界，何況身為長子？

把時光拉回到1935年，詹冰14歲。4月21日清晨，中臺灣發生芮氏規模7.1的地震，震央就在大安溪中游，三義鄉鯉魚潭水庫與關刀山，卓蘭鎮鄰近震央，首當其衝，整個小鎮震災嚴重。但詹冰一家人安然，是不幸中的大幸，那時的父親人生氣勢如日中天，災後立刻覓地重建家園，也就是現今位於仁愛路上的故居。這棟屋齡近90的老宅面積達200餘坪，後來再次經歷九二一大地震，不僅毫髮無傷，而且把

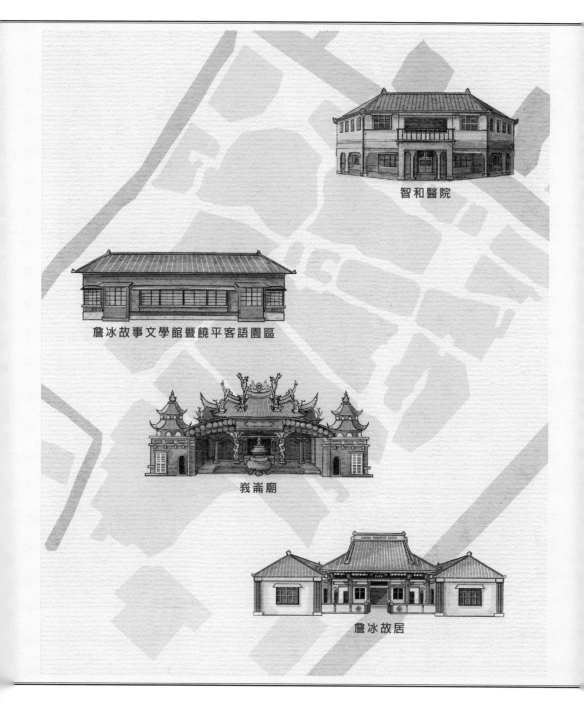

智和醫院

詹冰故事文學館暨饒平客語園區

義â廟

詹冰故居

詹冰一家六個兄弟姊妹順利養大、並延續各自的家庭，分支分脈，生生不息。

地震過後半年，詹冰到大安溪對岸臺中市立臺中第一高級中等學校就讀，當時他已經算是進入了卓蘭人心中的最高學府，也是唯一就讀臺中一中的青年才俊，小他兩歲的弟弟詹益鄉在兩年後也跟進。卓蘭前兩名，就被詹

詹冰文學故事館，詹冰姪子──詹前裕教授介紹故居格局以及家族回憶。

家長子與次子囊括。畢業後，在父親的支持下，詹冰於1942年前往日本東京藥專深造。

詹冰的文藝天分在臺中一中學生時期已經嶄露頭角，不論作文比賽或者美術比賽，他獲獎無數，備受肯定，但父親擔心文學創作無法維生，反對詹冰朝此發展。身為長子，詹冰遵從父命，留日時即選讀藥學，不過，他仍難忘懷創作，因而成為了他人生中很重要的興趣。留日期間，他不斷投稿日文新詩，並獲刊於《若草》，除了文學，詹冰幾乎全才般地在戲劇、小說、美術上都有所表現。如以當前的教育主流價值導向培育全才的孩子，詹冰可是十足符合，早在70年前，他已經體現這樣的全人理想。

詹冰謹守父命，短短兩年內取得學位後即返臺，只是萬萬沒想到再也見不到父親。

〈人〉

一隻腳站在天堂，
一隻腳站在地獄，
所以在兩腳規頂點的臉面
有時笑著有時哭了。
一隻手被天使拉著，一隻手被魔鬼拉著，
所以在張力作用膽的良心
有時被撕開一樣地疼起來了。

返臺後，詹冰與妻子許蘭香結褵，並於 1958 年搬離老家，定居在卓蘭熱鬧的街市並開設藥局，同時詹冰在卓蘭中學擔任理化老師，教職生涯長達 25 年，因此舉凡在卓蘭中學就讀的鄉親，幾乎都被詹冰教過。他們心中的詹冰，幽默風趣、充滿詩意，連詹前裕都覺得大伯相當可親，相較之下，詹益鄉個性就嚴謹得多。

詹前裕憶起童年，他說小時候雖然不知道大伯的影響力、也不知道別人怎看，他就是感受得到大伯的親切，因此每當想要暫時逃離父親的壓力時，就跑去找大伯。在他印象中，詹冰還喜歡攝影，家中不少照片都出自詹冰的手。

童心面對萬變

該如何定位詹冰？醫生、詩人、文學家、藝術家、生活風格大師，幾乎都可以在他

身上找到，而且是具有獨到的見解與創作，並非只是過水而已。即便如此具有才
情，詩，始終都是詹冰與世人表達溝通的基本橋梁。

他最被人熟知的幾首詩包括〈插秧〉、〈雨〉，除了第一層直白的童言童語詩句風
格，喜愛繪畫藝術的詹冰，也大膽在詩的創作上融合意象。離開故居後，兒童文學
家謝鴻文引導著大家看著饒平客語園區裡頭牆面上的詩。

〈插秧〉

水田是鏡子
照映著藍天
照映著白雲
照映著青山
照映著綠樹

農夫在插秧
插在綠樹上
插在青山上
插在白雲上
插在藍天上

——《綠血球》

〈插秧〉在卓蘭國小的學生童聲的讀誦之中，是一種簡單的白描，農村意象直接在詩
句裡呈現。「詩中有畫，畫中有詩」曾是蘇東坡對於精通詩與畫的王維的讚美，不只
古詩如此，新詩在同樣熱愛藝術的詹冰筆下，也都有明確的視覺效果。

謝鴻文認為，圖像詩是詹冰詩作最大特色，其中又以〈插秧〉和〈雨〉最能彰顯其
特色。他帶著我們欣賞饒平客語園區鑄在牆上的詹冰詩作，從詩句結構與鋪陳中，
看出對仗與排比，從水田看見藍天，再從農夫的插秧過程裡，把讀者帶回自然與藍
天。根據謝鴻文的賞析，在新詩創作中，詹冰能夠呈現具體畫面同時又能兼顧文字

與聲韻舖陳的韻律節奏，這是詹冰的特色，而且他一直如此挑戰，不斷嘗試在最精簡的文字當中讓人看見最豐富的意象。

〈雨〉

雨雨雨雨雨……
星星們流的淚珠嗎？

雨雨雨雨雨……。
雨雨雨雨雨……。

花兒們沒有帶雨傘。

雨雨雨雨雨……。
雨雨雨雨雨……

我的詩心也淋濕了。

雨雨雨雨雨……。

——《綠血球》

這是另一首燒鑄在園區牆面的詩〈雨〉。不過，謝鴻文表示，牆面上遺漏了詹冰原著的標點符號，讓詩少了重要的表情與情緒表達。〈雨〉中的刪節號、問號與句點，就像雨滴滴答答落下，讀詩同時也欣賞了一副可愛的畫作、甚至是短片。看著詹冰使用標點符號增益詩作的情感表達，當下聯想到網路社群喜愛使用的火星文、標點文，似有異曲同工之妙。原來，詹冰如此前衛超越，他早就不限於文字本身框架裡！

藥學詩人故鄉巡禮

中午時分，由地方文史工作者詹佩芬引著我們把望遠鏡頭改為廣角鏡，從顯微的詹冰個人放大到孕育他的卓蘭小鎮。

峩崙廟，建於1832年，主祀三山國王。

峩崙廟

供奉主神「三山國王」的峩崙廟是卓蘭鎮民的精神寄託，也是卓蘭最古老的廟宇。
詹佩芬老師說，卓蘭歷經關刀山地震與九二一地震，能留下的家屋街廓比例極低，
興建於1823年的峩崙廟就是其一，當時僅輕微毀損，因而使得鎮民對於峩崙廟的神
奇護持更加虔敬。惟目前寺廟已歷經改建。

〈峩崙廟〉
今天是神明生
陪伴著老妻來峩崙廟燒香
老妻要祈求一家平安子孫幸福
我只求老妻好好愛我——

我在童年摸過的龍珠
我在童年騎過的兩座石獅
我在童年睡過的水泥拱門
我在童年玩過陀螺彈珠的廟庭
我在童年看過刻有父親名字的石牌
到現在都不改變——

詹冰這首充滿幽默的〈峩崙廟〉片段詩句就矗立在卓蘭鎮車潮最繁忙的路間，看似寫廟，實寫妻；詩句並低調提及父親，由此顯見詩人從童年到成為一家之主的人生路上，峩崙廟始終是生命最深處的依賴。

繼述堂

擁有百年歷史的繼述堂是詹氏祖廟，先民為了讓後人記得入墾卓蘭所經歷的辛酸血汗史，以「繼志述業」期勉興建這座祠堂，故名繼述堂。不過，繼述堂在關刀山震災中崩頹，今日所見的建築是日後重建，風格融合唐代宗教建築與日式和瓦，並有可愛造型的地豬作為門神鎮守於外，姿態多樣、表情豐富，象徵多子多孫的祝福，讓原本肅穆的祖廟多了分童趣。詹佩芬老師也用了饒平腔創作不少打油詩，以唱謠方式引領眾人認識繼述堂。

智和醫院

卓蘭老街上保留的古建築不多，震災是主因，加上近十餘年來紛紛改建，位於中山路三角窗的智和醫院就成了小鎮風貌的珍寶。智和醫院是詹添慶醫生所開設。1932

詹姓祖廟（繼述堂），建於光緒11年（1885年），昭和10年（1935年）關山地震後重建。

年，他自日本東京醫專畢業，1933年十月在新竹州大湖郡卓蘭庄卓蘭780號設立這座內兒外科兼備的綜合醫院，並受命為臺灣公醫。一樓水泥磚造、二樓木構的智和醫院，歷經九二一地震後依然完好保存，藍色的一樓外觀，從梁柱、窗櫺等設計，線條充滿行雲流水的輕柔感，迥異於現代醫療診所的冰冷樣貌。

老庄中角伯公

老庄中角伯公除了供奉土地公，還可見神壇中有伯婆懷抱著童子。詹佩芬說，這座伯公廟是耆老們話家常的重要場所，廟外的參天榕樹則有200多年樹齡。臨著老庄溪伯公與老榕，隱隱之中不斷護持子民們安居樂業於此。卓蘭鎮老庄里伯公廟據統計至少有十間，可見伯公信仰的普遍與在地居民的虔誠。

以科學為底的自然書寫，締造新美學境界

走讀這天下午，我們來到附近果園參訪，品嘗正當時令的水果，也體驗詹冰詩作中描繪的農家田園風光及採果的樂趣。眼前除了有紅得飽滿的甜柿與翠綠的芭樂，楊桃的鮮嫩的果實像初生的嬰孩，清新地掛在支架上，等著長大。在詹冰有生之年，果園當然還沒這麼豐盛發展，然而他所享有的自然卻是更富原始質樸之美。

雖然他搬離200坪的老家，在鎮上開設藥局，居住面積也沒那麼大，然而在詹冰細膩的心眼裡，足下所踏踩的每一寸土，都是他心靈中無限延伸的家園與故鄉，人來自自然，也生活在自然，最終也要回歸自然。自然，就是我們的母親。他如此心繫著自然，「綠血球」也成了他書寫中最為重要的風格。

〈五月〉
五月，
透明的血管中，
綠血球在游泳著——。
五月就是這樣的生物。

五月是以裸體走路。

在丘陵，以金毛呼吸。

在曠野，以銀光歌唱。

於是，五月不眠地走路。

參與走讀的後生文學獎得主張淑玲也是卓蘭人，她對〈五月〉這首詩特別有感，並用「透淨」形容詹冰的詩，她說：「傍晚時，站在大安溪旁或者任一條河，面對群山，陽光灑下，真的會有金毛呼吸的畫面，河床真的就是透明的血管！」與詹冰住在同樣環境中，張淑玲認為，閱讀詹冰的詩作，勢必要親臨他生活的周遭環境才更能體會他所描繪的意境；或者反過來說，親臨他生活的大安溪畔，就可驗證詹冰的文字掌握有多精準。

走訪了卓蘭街市的主要風貌，試圖找回詹冰一生在此生活的點滴，然午後回暖的氣溫熱得讓參與活動的人，得想辦法找到薄衣換上。此刻，不免想著：詹冰會不會像個精靈在一旁調皮笑著我們？

這溫煦陽光，應是他特地帶給我們一行人的禮物。

歸鄉，回家的路——
高雄美濃‧屏東大路關
鍾理和與鍾鐵民文學走讀

雙溪母樹林（雙溪熱帶樹木園）➡ 鍾理和紀念館 ➡ 鍾理和故居

主講：鍾　舜　文
側寫：林　君　蓉
攝影：汪　正　翔

前言

高鐵左營站前車水馬龍，參詳團隊相約在此，抱著期待的心情搭乘遊覽車前往美濃，沿途景色變化，從都市轉為鄉村，從大樓林立轉為田野小徑，一行人前往充滿客家風情的美濃小鎮，這純樸優雅、群山環繞，是市區無法感受到的鄉野美景。

漫步於美濃後花園

一夥人來到於1935年（昭和10年）所設立的「雙溪熱帶樹木園」，當時稱為「竹頭角熱帶樹木園」，是一座擁有豐富資源的森林，日治時代曾引進許多國外具有經濟價值的樹種，作為學術造林選種試驗。據當時研究大約引進了270多種樹種，猶如植物聯合國，後來因為經費短缺、管理不當、太平洋戰爭爆發等等原因，目前大約只剩下97種樹種，其中27種為臺灣僅存的珍貴樹木，這也成為天然的生態教室，適合全家大小一起來到這體驗森林之旅。

本場文學走讀，邀請生於笠山腳下的鍾理和孫女、鍾鐵民三女兒鍾舜文來做導覽。

鍾舜文熱情的與夥伴們打招呼後，帶領著大家走入雙溪母樹林，一行人一同靜下心來，安靜片刻，聆聽周圍大自然美妙的聲音，蟬鳴嘒嘒，猶如山林間的歌手，水圳潺潺流水，微風徐徐，一邊享受森林天籟，聆聽大自然美妙的樂音，一邊感受大自然帶來的美好。

雙溪熱帶樹木園，邀請鍾理和孫女、鍾鐵民三女兒——鍾舜文，作為本次走讀的導覽。

生於書香世家的鍾舜文，喜愛創作、喜歡畫畫，是一位專業膠彩畫家，作品多以家庭、美濃家鄉、生活環境、笠山下的動植物等等為元素，第一眼看見她，就可以感受到她散發的藝術氣息，同時也具有畫家敏銳的觀察力，用心感受生活周遭的小事物，走讀過程中，不論是石橋上嫩綠的鮮苔、雜草中不起眼的小紅花、或是某個角度撒落下的璀璨陽光，這些容易被忽略的事物，鍾舜文都細心注意到並貼心提醒參與者，回過頭品味一番，細心感受周遭環境之美，就如她所說：「在大自然底下，萬物都是珍寶。」

揚葉仔，捷捷飛歸來！

鍾舜文回憶起小時候在黃蝶翠谷的點滴記憶，她與村莊的小孩都非常喜愛來這，不論是在溪裡玩水，或在河床邊趕蝴蝶，純真的童年是如此的美好！「我們都會數一、二、三，然後衝！成群的蝴蝶就會飛起來！」她閃爍的雙眼述說著兒時回憶，猶如童話故事的夢幻場景，每天都在家鄉上演著。她笑著述說著在山谷中爬樹的童年往事：「看不出來吧，我可是很會爬樹的喔！」這不僅是舜文快樂的童年，也是美濃鄉親們從小到大的回憶。

美濃、雙溪係揚葉仔介（的）家鄉，也係倨等（我們）美濃人介家鄉，在這個大自然個天地中，有樹仔有竹頭、有山豬有鹿仔、有鳥仔有蟲仔、當然也有揚葉仔（蝴蝶），搭（及）倨等人類，大家共下（一同）在這兒快樂生存，雖然萬物不免相生相剋，至少在這片天地中，各物有各物個空間，自古以來，大家在這兒生生息息，各取所需，安樂自在。——鍾鐵民〈揚葉仔！飛歸來！〉

逛了一小圈後，鍾舜文帶領大家朗誦鍾鐵民作品〈揚葉仔！飛歸來！〉，文中訴說著

保育生態的重要性，期許眾人與大自然和平共處。創辦於1995年的美濃黃蝶祭，每年舉辦時也都會朗誦這首作品，透過儀式喚起大家對自然保育的重視，以及對萬物生命的尊重，期盼攜手守護美麗家園，希望森林中的小夥伴可以回到生活中，就如同鍾鐵民所寫：「希望揚葉仔，捷捷（快快）飛歸來！」

為何叫「黃蝶翠谷」呢？當時因軍事需求種了大量鐵刀木，黃蝶幼蟲非常喜歡吃鐵刀木的葉子，因此吸引大量淡黃蝶產卵繁殖，成千上萬的黃蝶在園內翩翩起舞，曾擁有「單位面積產蝶密度世界第一」的紀錄，也成了黃蝶翠谷迷人的奇觀！但有段時間蝴蝶漸漸消失了，接著水庫議題興起，大家才驚覺身邊寶貴的資源，森林裡的動植物們，都正慢慢地消失在彼此的生活中，人類的開發破壞導致自然生態失衡，一群生態保育人士站出來，希望喚起社會大眾共同關心自己的土地。1995年舉辦第一次的黃蝶祭，透過祭典讓大家看見這群人守護土地的決心。黃蝶祭透過祭蝶的儀式，表達對守護大自然環境的省思，經由祭蝶儀式也教育大家應該更重視自然保育，守護環境的同時，也希望傳承了客家文化。如鍾鐵民所說：「黃蝶祭將主軸從復育生態的精神擴大到整個美濃客家文化、產業、語言的保存，希望保育生態的同時，也保存美濃客家文化的多樣性。」

黃蝶祭是美濃年輕的知識分子精心設計出來的活動，背後有著重大的主題，藉著祭蝶宣示生態保護的理念，也藉此讓更多來自全國各地的各階層民眾親自看到美濃雙溪，感受到這裡美好的環境，是應該當作自然生態教室的地方，當然不可為污染工業犧牲，在這裡建水庫是破壞自然寶庫，得不償失。——鍾鐵民〈美濃的黃蝶祭〉

森林中的精靈

鍾舜文介紹樹林裡常見的鳥類，這裡鳥類資源相當豐富，其中也包括了臺灣特有亞種鳥類「朱鸝」，朱鸝被譽為臺灣最美麗的鳥類之一，在她兒時回憶中稀有的朱鸝可說是「常客」，這讓她一群生態專家朋友稱羨說：「什麼！你竟然看過朱鸝！」此外，園內也可常見五色鳥，幸運的話還有機會看見八色鳥的蹤跡，沿途設置的鳥類介紹圖、樹種告示牌，以及休憩木椅，走累了可以適時休息。全長大約1.5公里的環型步道，可說是老少皆宜的森林園區。

熱帶雨林樹種相當巨大，種子為了適應環境，長出了「翅膀」（果翅）隨風飛翔，繼續扎根在這塊土地，不同季節有不同種子飛落的美景，像是桃花心木種子具有長長的翅膀，以華麗的方式旋轉飛舞降落，而馬尼拉欖仁又名菲律賓欖仁，種子長得像一隻黃色的蝴蝶，飛落下來時猶如黃蝶飛舞般，另外還有相當有「顏值」的火焰木

雙溪熱帶樹木園，沿途介紹園中的各種植物。

種子，扁平長橢圓狀的果莢掉落，鍾舜文笑著說：「就像小船載著一片片牛舌餅。」果莢打開竟是有著「愛心」圖案的種子，隨著風飛翔的愛心種子，也繼續將「愛」散播出去！

不被祝福的同姓之婚

鍾舜文沿途介紹著龍腦香科、錫蘭橄欖、火焰木等植物，接著來到一棵柚木旁，柚木客家話稱「船底樹」，顧名思義就是製作船底時所需的材料。柚木經濟價值高，在鍾理和1959年短篇小說〈貧賤夫妻〉中，描述鍾理和有次寫作時，聽到家中後面的笠山，有警察正在捕捉「山老鼠」，而警察正在追捕的人就是自己心愛的妻子，妻子鍾台妹為了扛起家計，不惜冒險到山中盜採柚木，在早期男主外、女主內的年代，夫妻身分卻互換，這也讓鍾理和相當自責，文章中流露出夫妻之間的鶼鰈情深。我們眼前的柚木非常巨大，無法想像鍾台妹扛著眼前的柚木奔於山中。在早期經濟窮困的年代，為了柴、米、油、鹽、醬、醋、茶，只能咬牙拚下去，鍾台妹一生堅強的性格，為了家庭奉獻一切，可說是客家女性最佳典範。鍾舜文撿起掉落在一旁的山棕葉子，她一邊向我們介紹早期婦人會取用山棕葉來製作掃帚，一邊回憶起奶奶拿著山棕掃帚掃地的樣子，在鍾理和作品《笠山農場》中，也曾提到可將山棕葉子製成圈套，去到溪邊抓蝦子的情景。

接著來到了大葉桃花心木步道，溫暖的陽光灑落在樹林枝葉間，鍾舜文其中一組婚紗照就在這邊拍攝，她說這裡是從小到大的回憶，希望可以和人生中重要的另一半，回到兒時熟悉的場域拍攝甜蜜婚紗照。突然有一隻「優雅美麗」的蒼蠅停在舜文的麥克風上，不停拍動著綠色的翅膀，不怕生、不怕人，過了一會再飛來一隻，兩隻停留在舜文手上好一陣子，一邊聽著舜文講解，一邊不停搓著手腳，似乎想說

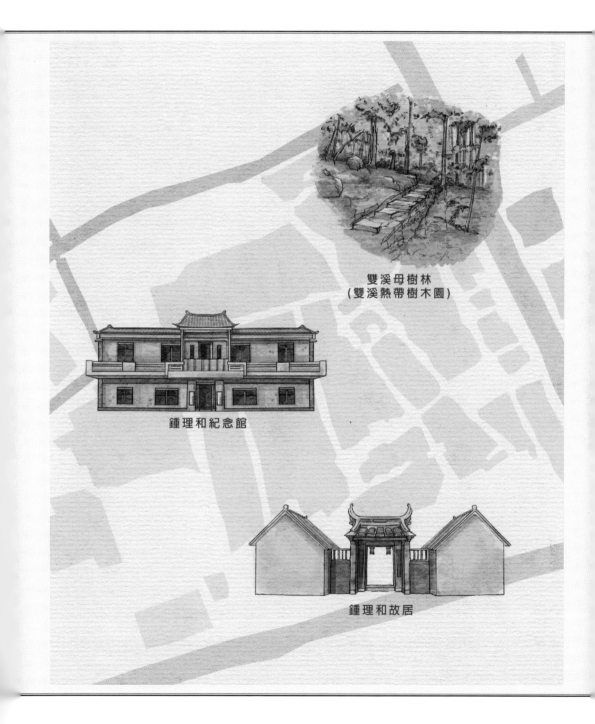

雙溪母樹林
（雙溪熱帶樹木園）

鍾理和紀念館

鍾理和故居

些什麼，或是也正跟另外一半商討著，想在桃花心木拍攝婚紗照吧！鍾舜文笑著說看著這一幕，也讓她想起鍾理和的作品〈蒼蠅〉。

園區內的「森林劇場」常常舉辦當地重要活動，其中黃蝶祭也在這裡舉辦，鍾鐵民散文〈森林裡的婚禮〉的新人也選擇在這結婚，舉行一

雙溪熱帶樹木園，途中飛來的蒼蠅，停在麥克風上數十分鐘，一同加入聽講行列。

場別具意義的生態婚禮儀式。不過近期園內樹木感染了褐根病，圍起了管制線，往裡頭一看，發現有一團樹枝堆積其中，鍾舜文介紹這是「2021黃蝶祭」所創作的環境藝術作品〈Wind of Summer／夏日之風〉，當時由移居美濃十多年的藝術家王耀俊，運用當地的樹枝、藤材、竹材、樹幹，創作出來高三公尺、長八公尺的「松鼠」。目前已看不出原本的樣子，藝術家王耀俊在製作這件藝術品時，曾預測說：「這件作品，應該說它就是來自於土地，然後又回到土地，它會在某一個時間點垮掉」。大夥也衷心期許園內樹木褐根病能盡快轉好，再一次成為社區重要的精神舞臺。

「倒在血泊中的筆耕者」：鍾理和紀念館

接著我們來到笠山山腳下的「鍾理和紀念館」，鍾理和所敘述的笠山，尖尖的猶如斗笠，也就是當地人稱的尖山，館外有臺灣第一條文學步道，將30多位臺灣作家的名

字和名言刻在石碑上，步道四周草木山林環繞，漫步於其中，感受臺灣文學家的文藝之美，步道尾有一座鍾理和的大石雕像，雕像旁石碑刻寫著「我相信自己的愛，我將依靠它為光明的指標」字裡行間中透露著他樸實堅毅的性格，也呈現出鍾理和的文字風格，更展現了鍾理和一生寫作的動力，走著走著，遠方天際出現了兩隻大冠鷲，高亢的鳴叫聲，像是在跟我們熱情的打招呼。

鍾理和紀念館是臺灣第一座平民文學家的紀念館，也是鍾理和昔日生活、散步、寫作之處，人生最後精華的十年都在美濃笠山度過。園區內種了很多臺灣原生種，其中有很多鍾鐵民喜愛的苦楝樹，鍾舜文曾經問爸爸鍾鐵民：「為何喜歡苦楝樹？」他說：「因為你的阿公也喜歡啊！」鍾理和紀念館館內的書桌，也是鍾理和人生最後幾年使用的書桌，就是用苦楝樹柴所製作，接著舜文朗誦起爸爸鍾鐵民1997年所寫的〈苦苓樹〉。

夏秋之際，常見苦苓樹枝條上爬滿了蟬兒，大概蟬喜歡吸取樹汁吧。甲蟲類也愛鑽苦苓樹，樹皮破損的洞口便滲出松香一般的透明樹膠，迎著晨曦亮晶晶的，小時候上學經過，常愛剝下來手中揉捏，軟軟的感覺滿舒服。苦苓樹的果實顆粒如花生大小，成熟後轉成黃色，總會引來大批紅嘴黑鵯、白頭翁等，是很好的引鳥樹。——鍾鐵民〈苦苓樹〉

儘管經過多年物換星移，但山沒變，天空沒變，優美的景色就如鍾理和1957年〈我的書齋〉寫道：「你的書齋也許華貴，而我的則是簡樸，但我不愛你的華貴而愛我的簡樸。它因為是在天底下，光線富足；因為在山腰，居高臨下，前邊的山川、田園，村莊、雲煙、竹樹、人物，盡收眼底，眺望絕佳。你的書齋把你局限在斗室中，使你和外界隔絕；而我的書齋既無屋頂又無牆壁，它就在空曠偉大的天地中，

鍾理和紀念館，以〈我的書齋〉為意象布置。

與浩然之氣相往來，與自然成一整體。」鍾理和將大自然美景視為自己獨一無二的書齋，儘管生活上遭遇過無限的挫折，但他充分展現了積極振作、樂觀進取的態度。站在這裡欣賞美景，能體會鍾理和筆下的家鄉之美，儘管鍾理和面臨人生多變無常，依然堅持在文學上不斷的創作。鍾理和紀念館館內保存了許多他生前珍貴的手稿、日記、生活用品等文學資料，看著陳列的文物，一張張泛黃的紙張，彷彿進入了文學時光隧道，在字裡行間中，感受到美濃昔日的明媚風光，也可以感受鍾理和對美濃這塊土地深厚的情感。

《文友通訊》是戰後臺灣籍文學作家第一份聯誼性的通訊刊物，也是當年臺灣文學家互相取暖、互相照顧、互相尊重的文學小天地，成員之間輪流交換作品互相閱讀，對彼此作品做些見解評論，以前書信來往種種的不便，可不像現在手機通話、LINE傳送訊息那麼方便，《文友通訊》雖然前後僅出刊16次，鍾理和也在這個僅有九人的「諮商聊天室」，找到了彼此理解的知音，也因為受到文友的鼓勵，而逐漸找到寫作的自信，更在「臺灣文學之母」鍾肇政的引薦下，作品逐漸受到賞識，獲得刊登的機會，鍾理和與鍾肇政也因為《文友通訊》相知相惜，兩人生平未曾謀面，卻有著超越親情的深厚情感，鍾肇政不僅在鍾理和死後組成「鍾理和遺作出版委員會」，

鍾理和紀念館，《文友通訊》由鍾肇政發起，1957年4月至1958年9月一共發行16期。

鍾理和紀念館，《原鄉人》，1980 年出品的臺灣電影。

大力推動鍾理和文學作品，對於鍾理和後輩更是大力提攜及關愛，鍾理和長子鍾鐵民生前受訪時就曾說過：「他（鍾肇政）不只對我的父親，有這種的感情，對我們這些子女，也像疼自己親兄弟的子女一樣照顧我們，所以我這輩子寫的文章第一個要給誰看呢，給肇政叔看。」短短幾句話，也看得出鍾鐵民對鍾肇政滿滿的感激。雖然在生前彼此未曾見過面，但或許他們早已在天國相聚，正在開心地暢談臺灣文學的一切吧！

此外，館內展出了1980年由「臺灣電影教父」李行所指導的電影《原鄉人》拍攝時的相關資料，至今已超過40年的歷史，當時在美濃舉辦首映時，在當地造成轟動及熱烈迴響！電影由林鳳嬌飾演鍾台妹，秦漢飾演作家鍾理和，劇情以鍾理和的一生為故事主軸，在當時獲得了金馬獎最佳原創電影歌曲及童星獎，電影演出後也讓更多人關注臺灣這位優秀的客籍文學作家。

鍾理和紀念館近年重新換展，一進入館內左手邊以鍾理和〈我的書齋〉作為意象布置，觀眾坐在一旁就如鍾理和坐在木瓜樹下的書齋，感受鍾理和當時創作時的心境。鍾理和一生的文學創作，是如此的艱辛及孤獨，用盡生命寫下美麗動人的文章，而他書中永遠的女主角鍾台妹，更是毫無怨言的扛起家計，兩人互相扶持的愛，如此凄美又坎坷，時至今日，鍾理和筆下的美濃笠山，仍保留了典型的客家庄風貌，依舊那樣美麗動人。

「畫」出心中最美的色彩

享用完中餐後，鍾舜文帶著大家進行「DIY調色卡」活動，她以美術專業背景，與我們分享上色技巧，也引導大家將走讀蒐集到的葉子，用水彩上色拓印在明信片上，另一張則彩繪出走讀這天最愛的顏色，不管是一片葉子、花朵、天空等景物色彩，透過畫筆記錄在明信片上，用不同的色彩描繪著這天走讀的風景，每個人都創作出心中獨一無二的景色，大家共同創作的五彩繽紛明信片，就像大自然中美麗的調色盤，我們將其中一張留在美濃，期待作品能為明年黃蝶祭增添裝置藝術色彩。

鍾理和紀念館前廣場，鍾舜文帶領一行人進行「DIY調色卡」活動。

將走讀時收集來的葉片，用水彩上色拓印在
明信片上。

參訪鍾理和故居──屏東高樹

走讀最後一站來到屏東高樹「鍾理和故居」，高樹跟美濃之間隔了一條荖濃溪，搭
乘遊覽車近40分鐘的車程，在從前交通不發達的年代，可是非常遙遠的距離！高樹
大路關位於大武山腳下，沿途景色就如鍾理和1959年〈大武山登山記〉中所提之美
景，「我生長在大武山之麓，由小至長無日不和它親近。它那偉姿和傳說，像絹絲一
樣把我的童年織得瑰麗可愛，使我充滿了對它的憧憬和嚮往。……它巍巍地聳立在
村子後面，一仰首，總看見它在那裡俯首下視，今昔如此，好像它時刻都在注視著
我們的生活，一如慈母關心愛兒的起居一般。它是我們的守護之神。」

鍾理和故居為典型的客家夥房建築，牆外有著鍾理和文學作品及意象彩繪牆，呈現
早年採收鳳梨之場景，以及客家女性穿著藍衫工作的模樣。再往裡走，左側橫屋可

鍾理和故居，建於1910年，為典型的客家夥房建築。

鍾理和故居，牆外鍾理和文學作品及意象彩繪牆。

鍾理和故居，屋前的儲水池。

鍾理和故居，在彩繪牆前留下合影，結束本次的走讀行程。

見象徵書香門第燕尾屋脊，庭院裡有株百年的夜合花，是鍾理和父親鍾鎮榮（鍾番薯）1910年興建夥房時所栽種，旁側桂花樹則有近60年歷史，兩株植物至今仍欣欣向榮。

「原來我們的村子又輪到了水期，水期每五日一次，村人必須在當日挑足五日間的飲用水。因此每到水期，全村有如臨陣，只要能夠肩挑的，就不論男女老幼，甚至黃毛丫頭也都出動了。」鍾理和文學作品中，曾多次敘述在大路關的兒時回憶，如屋前的儲水池，也曾在作品〈初戀〉中敘述全村出動挑水的情景，呈現出當時年代取水不易的生活。最後離開前，大夥兒一起在作品牆前拍照留念，為整趟走讀旅程留下美好的記憶。

「參詳・當代客家文藝沙龍」
參與人員名錄

計畫主持：封德屏
總 策 展：鍾永豐

歷史
召集人：張維安
與談人：王保鍵　吳學明　李文良　李沅臻　林正慧　張秀雲　張翰璧　許維德
　　　　陳鎡枚　森下啟慈　黃玉晴　黃脩閔　劉瑞超　戴寶村　羅烈師

語言
召集人：洪馨蘭
與談人：古秀妃　向盛言　吳錦勳　宋廷棟　李舒蓉　周碩興　張正揚　黃泳玲
　　　　黃脩閔　廖重凱　劉家宏　劉慧真　蔣絜安　盧冠霖　賴奕守　鍾鎮城

文學
召集人：朱宥勳
與談人：王欣瑜　王惠珍　甘耀明　白佳琳　李奕樵　張簡敏希　陳凱琳　廖育辰
　　　　劉抒苑　蔡濟民　鄭清鴻　簡弘毅　顏　訥

音樂
召集人：葉雲平
與談人：Yappy　王喬尹　王鍾惟　米　莎　邱丹霓　柔　米　陳瑋儒　彭柏邑
　　　　黃子軒　黃稚嘉　葉　穎　賴予喬　戴　陽　蘇通達

戲劇
召集人：鍾　喬
與談人：吳文翠　吳榮順　李哲宇　李榮豐　汪俊彥　林乃文　林舜龍　林曉英
　　　　徐亞湘　符宏征　許仁豪　彭雅玲　劉逸姿　羅元鴻

影劇
召集人：湯昇榮
與談人：王傳宗　吳宗叡　李　杏　李　鼎　林宏杰　徐彥萍　張晉榮　許安植
　　　　溫昇豪　童毅軍　黃桂慧　溫吉興　鄒隆娜

美學
召集人：張典婉
與談人：古正君　吳漢中　阮慶岳　姚其中　徐彩雲　徐景亭　翁美珍　張秀雲
　　　　郭南駿　陳美禎　陳勤忠　陳達明　彭弘智　彭永翔　溫金紅　廖偉立
　　　　鄧淑慧　謝英俊　謝淑靖　鍾仁嫻　羅文祥　羅仕龍

飲食
召集人：古碧玲
與談人：王虹雅　吳　鳴　佐　京　李慧宜　邱聿涵　夏惠汶　郭忠豪　張維翰
　　　　陳淑華　曾齡儀　黃森松　黃湘絨　黃鑫沛　楊昭景　葉國居　劉懿梅
　　　　鍾怡彥　蘇量義

客庄創生（新竹）
召集人：邱星崴
與談人：吳　界　林　辰　邱盈滋　邱靜慧　陳建成　陳祺忠　黃文詣　楊有騰
　　　　葉日嘉　葉明政　廖文琪　劉　奕　蔡濟民　鄧君婷　羅　傑

客庄創生（高雄）
召集人：邱靜慧
與談人：王宏滕　吳宗憲　吳雲天　李佳穎　李慧宜　林瑞晉　邱星崴　邱適珩
　　　　徐孝晴　徐銘謙　涂裕苓　張卉君　陳俊名　曾鼎凱　黃仕傑　黃淑玫
　　　　黃瑋傑　黃鴻松　楊易玲　劉逸姿　鍾兆生　羅功奇

思辯場
召集人：吳德亮
與談人：古亦平　吳孟純　翁國珍　彭信鈞　黃正敏

召集人：張芳慈
與談人：瓦歷斯·諾幹　向　陽　洪淑苓　楊佳嫻　顏艾琳
　　　　梁秀眉　陳玠安　廖偉棠　蔡宏賢　鄭硯允

召集人：高翊峰
與談人：王聰威　甘耀明　朱和之　吳懷晨　謝旺霖

召集人：羅思容
與談人：邱豐榮　徐堰鈴　郭玫芬　劉慧真　鴻　鴻

召集人：鍾秀梅
與談人：米　莎　張卉君　張郅忻　劉崇鳳　鍾舜文

國家圖書館出版品預行編目（CIP）資料

返生：跨界與反芻的進行式/游文宓，張平，廖彥筑，
陳佳謙執行編輯. -- 初版. -- 新北市：客家委員會，
2022.12

面；　公分

ISBN 978-626-7242-04-9(平裝)

1.CST: 客家 2.CST: 民族文化 3.CST: 現代藝術 4.CST:
文集

536.21107　　　　　　　　　　　　　111018632

「參詳・當代客家文藝沙龍」出版書籍

返生：跨界與反芻的進行式

發 行 人／　楊長鎮
出版單位／　客家委員會
　　　　　　地址／新北市新莊區中平路439號北棟18樓
　　　　　　電話／02-89956988
　　　　　　網址／https://www.hakka.gov.tw
總 督 導／　鍾孔炤
行政策劃／　廖美玲　黃綠琬　劉慧萍　周彥瑜　吳侃庭　葉映孜　劉子瑄
執行團隊／　財團法人台灣文學發展基金會
計畫主持／　封德屏
總 策 展／　鍾永豐
顧　　問／　古碧玲　甘耀明　吳德亮　高翊峰　張芳慈　鍾　喬　鍾適芳　羅思容
執行編輯／　游文宓　張　平　廖彥筑　陳佳謙
校　　對／　封德屏　杜秀卿　游文宓　張　平　廖彥筑　陳佳謙

編印發行／　文訊雜誌社
　　　　　　地址／臺北市中正區中山南路11號B2
　　　　　　電話／02-23433142
　　　　　　發行業務／高玉龍
　　　　　　電子信箱／wenhsunmag@gmail.com
　　　　　　郵政劃撥／12106756文訊雜誌社

美術設計／　蔡南昇
印　　刷／　松霖彩色印刷事業有限公司

出版日期／　2022年12月
版　　次／　初版一刷
定　　價／　新台幣380元
ISBN 978-626-7242-04-9
GPN 1011101993